Kristiane Müller-Urban

Pfannkuchen mit dem Pancake-Maker

Die besten Rezepte

Fotos von
Karl Newedel

Weltbild

Mit dem Pancake-Maker gelingen Ihre Pfannkuchen ganz einfach und mühelos: Leckereien im Handumdrehen, zur Freude Ihrer Familie und Ihrer Gäste.

Inhalt

Der Pancake-Maker

Pfannkuchenbacken im Handumdrehen

Ob Pfannkuchen, Palatschinken, Crêpes oder Pancakes – Eierkuchen sind traditioneller Bestandteil beinahe aller Küchen dieser Welt und gleichermaßen heiß geliebte Leckereien bei Alt und Jung. Ganz gleich ob mit feinem Puderzucker bestreut, mit selbst gemachter Konfitüre gefüllt, mit pikanten Fleisch-, Fisch- oder vegetarischen Käse- und Gemüsefüllungen, ob gerollt, gefaltet oder überbacken, hauchdünn, dick oder luftig – Pfannkuchen, Omeletts und Co. gehören zu den vielseitigen und preiswerten Leibgerichten für alle Genießer.

Die optimale Pfanne

Wenn Sie ein paar grundsätzliche Tipps beachten, können Sie sicher sein, dass Ihre Pfannkuchen mit dem Pancake-Maker ein Erfolg werden. Der Pancake-Maker ist die optimale Pfanne, um herrliche Pfannkuchen, zarte Omeletts und hauchdünne Crêpes zu backen. Der Pancake-Maker ist sozusagen eine beschichtete »Doppelpfanne«: Sowohl der Boden als auch der Deckel eignen sich fürs Backen und Braten. Die beiden »Böden« sind mit einem stabilen Scharnier fest verbunden.

So gelingt's garantiert

Sie geben das Bratfett oder Öl zunächst in den einen »Boden« des Pancake-Makers. Dann gießen Sie den Teig entsprechend den Angaben im jeweiligen Rezept hinein. Braten Sie den Pfannkuchen, bis sich seine Ränder leicht nach oben wölben und viele kleine Bläschen auf der Oberfläche entstehen: Bei einer herkömmlichen Pfanne müssten Sie nun den Eierkuchen vorsichtig anheben, umständlich wieder etwas Bratfett in die Pfanne geben und den halb fertigen Pfannkuchen schwungvoll und zielgenau wieder zurück in die Pfanne expedieren. Viel einfacher geht es mit dem Pancake-Maker: Wenn sich die kleinen Bläschen auf der Oberfläche zeigen, geben Sie etwas Bratfett direkt auf die »rohe« Seite des Pfannkuchens, schließen den Pancake-Maker, drehen ihn einfach um und stellen ihn mit dem anderen »Boden« erneut auf die Herdplatte, sodass auch die zweite Seite des Pfannkuchens goldgelb gebacken wird. – Genial einfach! Sie sollten beim Wenden der Eierkuchen lediglich darauf achten, dass der Pfannkuchenteig nicht mehr zu flüssig ist, damit nichts aus dem Pancake-Maker auslaufen kann.

Die Pfannkuchenform

Mit der kleinen Herzchenform lassen sich außerdem hübsche Formpfannkuchen backen, beispielsweise für eine Kindergeburtstagsfeier. Die Form einfach in den Pancake-Maker stellen, den Pfannkuchenteig in die

Form füllen und wie beschrieben backen. Wenn sich Bläschen auf der Teigoberfläche zeigen, kann die Herzchenform entfernt und der Herzpfannkuchen problemlos gewendet werden. Für das Backen der zweiten Seite des Pfannkuchens benötigen Sie die Form nicht mehr, das Herzchen bleibt bestehen.

Pfannkuchenteig

Der Teig für die leckeren Eierkuchen lässt sich leicht und schnell herstellen, wenn man einige Regeln beachtet. Damit das Mehl nicht klumpt, müssen zunächst die Eier mit etwas Salz für den guten Geschmack, nach Rezept und Belieben Vanillezucker und Zucker mit einem Schneebesen gründlich gemischt werden. Dann wird nach und nach das Mehl eingearbeitet. Anschließend wird die kalte Milch dazugegossen und alle Zutaten gut miteinander verrührt. Der Teig sollte anschließend 30 Minuten abgedeckt ruhen, damit sich der Kleber im Mehl richtig entwickeln kann. Das Mehl quillt auf, der Pfannkuchenteig dickt etwas nach. Nach der Ruhephase kann dann noch etwas Milch oder Mineralwasser eingerührt werden, bis der Teig die gewünschte Konsistenz erreicht hat. Zum Schluss die flüssige Butter dazugeben. Sie sorgt dafür, dass die Pfannkuchen schön knusprig werden.

Fett und frische Pfannkuchen

Neben dem Pancake-Maker, frischen Eiern, Mehl und Milch braucht man zum Pfannkuchenbacken ein gutes Bratfett. Das beste Bratfett ist Butterschmalz. Aber auch Sonnenblumen-, Raps- und Distelöl sowie die würzigen Nussöle eignen sich ausgezeichnet zum Backen.
Für dünne Pfannkuchen muss der Teig flüssiger, für dicke hingegen etwas cremiger sein. Gießen Sie immer nur eine kleine Menge Teig in den Pancake-Maker. Schwenken Sie dann den Pancake-Maker, bis der Boden mit Teig bedeckt ist. Wenn Sie lieber hauchdünne Pfannkuchen mögen, können Sie den überschüssigen Teig einfach abgießen.
Pfannkuchen sollen goldgelb gebacken werden. Zu hellen Pfannkuchen fehlt der würzige Geschmack, und zu dunkel gebratene Pfannkuchen schmecken leicht bitter.
Lassen Sie sich von den Grundteigen (→ Seite 8, 9 und 10) zu eigenen leckeren Kreationen inspirieren. Erlaubt ist, was schmeckt! Und mit dem Pancake-Maker gelingt es garantiert.

Das Auge isst mit – Pfannkuchen garnieren

Die Geschmäcker sind so verschieden wie die Pfannkuchenvarianten. Die einen bevorzugen frisch gebackene Pfannkuchen, wenn sie noch heiß mit Puderzucker oder Zucker bestreut werden. Die anderen finden Pfannkuchen köstlich, wenn sie pfannenfrisch dünn mit Aprikosenkonfitüre, Johannisbeergelee oder Nuss-Nugat-Creme bestrichen und aufgerollt werden. Die goldgelben Eierkuchen werden aber auch gern mit flüssigem Honig, Ahornsirup, Himbeersirup und Holunderblütensirup gegessen. Sanddornsaft, Agavendicksaft und andere Dicksäfte

sowie leckeres Fruchtmark (Vollfrucht) aus dem Reformhaus oder dem Bioladen sind als süße Dekoration ebenfalls sehr beliebt.
Die folgenden Saucen schmecken lecker und passen kalt oder warm sehr gut zu Pfannkuchen.

Rohe Fruchtsauce

Für 4–6 Portionen

500 g reife Beeren nach Geschmack, 4–6 EL Zucker, etwas Likör, Rum oder Weinbrand nach Geschmack

1 Die Beeren putzen, waschen, abtropfen lassen und mit dem Zucker mischen. Wenn sich der Zucker aufgelöst hat (nach etwa 1 Stunde), die Beeren pürieren und durch ein feines Sieb streichen.

2 Nach Geschmack einen passenden Fruchtlikör, Rum oder Weinbrand unterrühren.

Gekochte Fruchtsauce

Für 4–6 Portionen

500 g reife Beeren nach Geschmack, 4–5 EL Zucker, etwas Zitronensaft

1 Die Beeren putzen, waschen, abtropfen lassen und in einen Topf geben. Auf kleiner Flamme mit dem Zucker zum Kochen bringen. Dann die Früchte pürieren und durch ein Haarsieb streichen.

2 Zum Schluss mit etwas Zitronensaft abschmecken.

Schokoladensauce

Für 4–6 Portionen

100 g Zartbitterschokolade, 75 ml Sahne, 1–2 TL Zucker, etwas Cognac nach Geschmack

1 Schokolade grob hacken und auf kleiner Flamme in der Sahne verflüssigen. Gelegentlich umrühren. Den Zucker einrühren, bis er sich aufgelöst hat.

2 Anschließend nach Geschmack mit einem Schuss Cognac verfeinern.

Vanillesauce

Für 4–6 Portionen

2 Vanillestangen, 1/2 l Milch, 6 Eigelb, 1 Prise Salz, 100 g Zucker

1 Die Vanillestangen der Länge nach aufschneiden und das Mark mit dem Messerrücken herausschaben. Die Schoten und das Vanillemark in der Milch zum Kochen bringen. Die Milch beiseite stellen.

2 Die Eigelbe mit Salz und Zucker in einer Rührschüssel schaumig rühren. Die heiße Vanillemilch langsam zugeben und dabei mit dem Schneebesen umrühren.

3 Rührschüssel in einen größeren Topf mit kochendem Wasser stellen und die Vanille-Ei-Milch über dem Wasserbad cremig aufschlagen.

4 Zum Schluss die Vanillestangen entfernen.

Karamellsauce

Für 6–8 Portionen

100 g Zucker, 3 EL Kaffee , 1–2 EL Honig, 200 g Sahne, etwas Milch

1 Zucker in einer Pfanne zu leichtem (hellem) Karamell schmelzen.

2 Den Kaffee, den Honig und die Sahne erhitzen und zum Karamell gießen (Vorsicht, es schäumt). Solange erwärmen, bis der Karamell wieder vollkommen gelöst ist.

3 Die Sauce abkühlen lassen. Bei Bedarf noch etwas Milch hinzugeben und mit geschlagener Sahne verfeinern.

Die wichtigsten Zutaten

Mehl
Für Pfannkuchenteig wird hauptsächlich Weizenmehl Type 405 verwendet.
Geeignet sind jedoch auch alle anderen Mehlsorten wie Vollkornmehl, Dinkelmehl, Grünkernmehl oder Buchweizenmehl. Weil Mehl je nach Sorte verschieden stark quillt und Eier unterschiedlich groß sind, lässt sich die notwendige Flüssigkeitsmenge beim Pfannkuchenteig nicht exakt angeben. Deshalb wird nach der Quellzeit noch etwas Flüssigkeit nachgegossen. Mehlsorten mit höherer Typenbezeichnung und Vollkornmehl verlangen nach größerer Flüssigkeitszugabe.

Zucker
Pfannkuchenteig muss nicht, kann aber gesüßt werden. Am besten eignet sich feinster Zucker oder gesiebter Puderzucker, weil sich beide schnell auflösen. Zum Süßen können auch Agavendicksaft, Apfel- oder Birnendicksaft aus dem Reformhaus verwendet werden.

Eier
Eier sind in den Gewichtsklassen S, M, L und XL im Handel. Bei den Rezepten in diesem Buch verwenden wir Eier der Gewichtsklasse M, sofern nichts anderes vermerkt ist. Der Pfannkuchenteig wird lockerer, wenn das Eiweiß zu Schnee geschlagen und zum Schluss unter den Teig gehoben wird.
Achtung: Verwenden Sie nur wirklich frische Eier!

Flüssigkeit
Für Pfannkuchenteig wird hauptsächlich Milch mit 3,5 bis 3,8 Prozent Fett verwendet. Mit Buttermilch und Kefir wird der Teig luftiger und würziger. Ein Schuss Mineralwasser ist ebenfalls ein ideales Lockerungsmittel.

Nüsse und Samen
Ein Teil des Mehls im Pfannkuchenteig kann durch gemahlene Nüsse ersetzt werden. Nüsse und Samen sind außerdem ganz besonders gut für Pfannkuchenfüllungen geeignet. Ihr Aroma wird noch kräftiger, wenn sie, auch gemahlen oder gehackt, zuvor in einer Pfanne ohne Fett leicht geröstet werden.

Gewürze
Etwas Salz verträgt jede Süßspeise, sodass die Prise Salz jeden Pfannkuchen besser schmecken lässt. Teige können auch mit gemahlenen Gewürzen wie Anis, Ingwer, Lebkuchen- und Spekulatiusgewürz, Piment, Koriander, Muskatblüte, Zitrusschalen, Vanille und Zimt gewürzt werden – ganz nach Ihrem persönlichen Geschmack.

Pfannkuchenteig Grundrezept 1

Für 8-10 dünne Pfannkuchen

3 Eier • 1 Prise Salz • 1 Pck. Vanillezucker
75 g Mehl • 200-250 ml Milch • etwas Mineralwasser
1 EL flüssige Butter • Butterschmalz zum Backen

1 Die Eier mit Salz und Vanillezucker verrühren. Das Mehl nach und nach dazugeben und glatt rühren. 200 Milliliter Milch dazugießen und alles gut miteinander mischen.

2 Den Teig 30 Minuten bei Zimmertemperatur ruhen lassen, damit das Mehl aufquillt. Nach Bedarf noch etwas Milch und Mineralwasser sowie die flüssige Butter dazugießen.

3 Ein wenig Butterschmalz im Pancake-Maker erhitzen, etwas Teig einfüllen, und den Pancake-Maker schwenken, bis der Boden des Pancake-Makers dünn mit Teig bedeckt ist. Den überschüssigen Teig abgießen. Den Pfannkuchen bei mittlerer Temperatur goldgelb backen.

4 Wenn sich die Ränder des Pfannkuchens leicht nach oben wölben und sich kleine Bläschen auf der Oberfläche zeigen, geben Sie etwas Bratfett direkt auf die »rohe« Seite des Pfannkuchens, schließen den Pancake-Maker, drehen ihn einfach um und stellen ihn mit dem anderen »Boden« erneut auf die Herdplatte, sodass auch die zweite Seite des Pfannkuchens goldgelb gebacken wird.

Pfannkuchenteig Grundrezept 2

nnkuchen

ach Belieben
etwas Mineralwasser
acken

en. Das Mehl und Back-
Die Milch bis auf einen

noch etwas Milch und

ker erhitzen und etwas
der Boden gleichmäßig
Hitze backen.

ach oben wölben und
ben Sie etwas Bratfett
eßen den Pancake-Maker,
eren »Boden« erneut auf
annkuchens goldgelb

American Pancakes Grundrezept

Für 16-20 Pfannkuchen

250 g Mehl • 1 Pck. Trockenhefe • 1 Prise Salz
1 bis 3 EL Zucker • 4 EL flüssige Butter • 3 Eier (Gr. M)
250 ml lauwarme Milch • etwas Mineralwasser
Butterschmalz oder Sonnenblumenöl zum Braten

1 Das Mehl in eine Schüssel sieben und mit der Trockenhefe mischen. Das Salz mit Zucker, Butter und den Eiern verrühren. Diese Mischung über das Mehl gießen und grob mischen. Nach und nach die lauwarme Milch dazugießen und mit einem Holzlöffel kräftig schlagen, bis der Teig Blasen wirft.

2 Die Schüssel abdecken und den Teig an einem warmen Ort mindestens 45 Minuten gehen lassen. Nach Bedarf noch etwas Mineralwasser dazugießen.

3 Ein wenig Butterschmalz oder Öl im Pancake-Maker erhitzen und etwas Teig einfüllen. Nacheinander 16 bis 20 handtellergroße Pfannkuchen backen.

4 Wenn die Ränder des Pfannkuchens Farbe angenommen haben und sich kleine Bläschen auf der Oberfläche zeigen, geben Sie etwas Bratfett direkt auf die »rohe« Seite des Pfannkuchens, schließen den Pancake-Maker, drehen ihn einfach um und stellen ihn mit dem anderen »Boden« erneut auf die Herdplatte, sodass auch die zweite Seite des Pfannkuchens goldgelb gebacken wird.

Unser Tipp

Vor allem Kinder sind geradezu verrückt nach Pfannkuchen. Um den Appetit der kleinen Schleckermäuler zu stillen, bedarf es manchmal ganzer Pfannkuchenberge. Sie können die Eierkuchen jedoch auch auf Vorrat backen: Pfannkuchen backen, abkühlen lassen und in Gefrierbeuteln einfrieren. So können Sie die Pfannkuchen etwa 4 Wochen aufbewahren. Dann auftauen lassen und einfach im heißen Pancake-Maker mit etwas Fett erwärmen.

Pfannkuchen zum Sattwerden

Eierkuchen mit Heidelbeeren

Für 16 Pfannkuchen

Für die Pfannkuchen:
6 Eier • 1 kräftige Prise Salz • 1/2 TL Zimt • 100 g Zucker
275 g Mehl • 1 Msp. Backpulver • 450-550 ml Milch
3 EL flüssiges Butterschmalz • Butterschmalz zum Backen
Für das Kompott:
500 g Heidelbeeren • 1/4 l Wasser • 1 Zimtstange • 2 Sternanis
1 Gewürznelke • 1 Pck. Vanillezucker • 1 EL Speisestärke
etwas Zitronensaft • 200 g Sahne

1 Die Eier mit Salz, Zimt und 2 Esslöffel Zucker verrühren. Das Mehl mit dem Backpulver nach und nach hinzufügen und glatt rühren. 450 Milliliter Milch einrühren und den Teig 30 Minuten ruhen lassen.

2 Das flüssige Butterschmalz und die restliche Milch nach Bedarf hinzufügen. Etwas Butterschmalz im Pancake-Maker erhitzen und nach und nach 16 Pfannkuchen wie beschrieben backen. Die Pfannkuchen auf einem großen Teller im Backofen bei 100 °C warm halten.

3 Die Heidelbeeren verlesen, waschen und gut abtropfen lassen. Mit dem Wasser, dem restlichen Zucker und allen Gewürzen einmal aufkochen. Die Speisestärke mit etwas kaltem Wasser in einer Tasse glatt rühren, zu den Heidelbeeren gießen und einmal aufkochen lassen. Das Kompott mit etwas Zitronensaft abschmecken und eventuell nachsüßen.

4 Das Kompott abkühlen lassen und die festen Gewürze entfernen. Die Sahne steif schlagen und kurz vor dem Anrichten unter das Kompott rühren.

Unser Tipp

Einem süßen Teig kann man etwas Rum oder Cognac beimischen und ihn mit Zimt oder Kakaopulver verfeinern.

Eierkuchentorte mit Apfel-Zimt-Kompott

Für 16 Pfannkuchen

Für die Pfannkuchen:
6 Eier • 1 Prise Salz • 3 EL Zucker • 1/2 TL Lebkuchengewürz
1 Pck. Vanillezucker • etwas abgeriebene Zitronenschale
50 g gemahlene Mandeln • 250 g Mehl • 500-600 ml Milch
3 EL flüssige Butter • Butterschmalz zum Backen • flüssiger Honig
Für das Kompott:
500 g Äpfel • 75 g Puderzucker • 1 Zimtstange • 2 Sternanis
3 Gewürznelken • 1 TL geriebener frischer Ingwer
1/8 l Weißwein oder Apfelsaft • 1/2 TL Speisestärke

1 Die Eier trennen. Die Eiweiße kühl stellen. Die Eigelbe mit Salz, Zucker, Lebkuchengewürz, Vanillezucker und Zitronenschale schaumig rühren. Die gemahlenen Mandeln, dann nach und nach das Mehl dazugeben und alles gut mischen. 1/2 Liter Milch einrühren und den Teig 30 Minuten ruhen lassen.

2 Die Eiweiße mit etwas Salz steif schlagen. Nach Bedarf die restliche Milch und die flüssige Butter mit dem Teig mischen und den Eischnee unterheben. Etwas Butterschmalz im Pancake-Maker erhitzen und nacheinander 16 Pfannkuchen backen. Die fertigen Pfannkuchen auf einen flachen Teller legen und jeweils mit etwas Honig bestreichen. Die Pfannkuchen im Backofen bei 100 °C warm halten.

3 Die Äpfel vierteln, schälen und entkernen. Die Apfelspalten in gleichmäßig kleine Würfel schneiden. Den Puderzucker in einem Topf zu einem hellen Karamell schmelzen, die Apfelwürfel und die Gewürze hinzufügen.

4 Wenn alle Apfelwürfel mit Karamell überzogen sind, den Wein oder Saft angießen und 3 bis 4 Minuten garen. Die Speisestärke mit wenig kaltem Wasser glatt rühren und das Kompott damit leicht binden. Das Kompott abkühlen lassen und die festen Gewürze entfernen. Die Torte vor dem Anrichten mit etwas Honig begießen und das Kompott getrennt dazu reichen.

Apfelpfannkuchen

Für 8 Pfannkuchen

5 Eier • 1 Prise Salz • etwas abgeriebene Zitronenschale
200 g Mehl • 1 Prise Backpulver • 2 EL Zucker • 300-400 ml Milch
2-3 Äpfel • etwas Zitronensaft • Butterschmalz zum Backen
4 EL Mandelblättchen • 4 EL Puderzucker • 1 Pck. Vanillezucker • Zimt

1 1 Ei trennen, 4 ganze Eier und 1 Eigelb mit Salz, abgeriebener Zitronenschale, Mehl, Backpulver und Zucker glatt rühren. Zunächst 300 Milliliter Milch dazugießen und gut verrühren. Den Teig 30 Minuten ruhen lassen. Nach Bedarf noch etwas Milch hinzufügen. Das Eiweiß steif schlagen und unterheben.

2 Das Kerngehäuse der Äpfel mit einem Apfelausstecher entfernen und die Äpfel schälen. Anschließend in knapp 1 Zentimeter dicke Scheiben schneiden und mit Zitronensaft beträufeln, damit sie sich nicht verfärben.

3 Etwas Butterschmalz im Pancake-Maker erhitzen und ein Viertel des Teigs einfüllen. Sobald die Unterseite leicht angezogen hat, einige Apfelringe und jeweils 1 Esslöffel Mandelblättchen darauf verteilen. Wenn die Unterseite des Pfannkuchens goldgelb ist, etwas Fett auf den Pfannkuchen geben, den Pancake-Maker wenden und fertig backen.

4 Den fertigen Apfelpfannkuchen im Backofen bei 100 °C warm halten, bis alle Pfannkuchen fertig gebacken sind. Aus den restlichen Zutaten weitere Pfannkuchen backen.

5 Den Puderzucker sieben, mit Vanillezucker und etwas Zimt mischen und kurz vor dem Anrichten über die Pfannkuchen streuen.

Unser Tipp

Wenn Sie die Apfelpfannkuchen ganz dünn backen möchten, ersetzen Sie einen Teil der Milch durch Mineralwasser.

Überbackene Quark-Aprikosen-Pfannkuchen

Für 10 Pfannkuchen

Für die Pfannkuchen:
4 Eier • 1 Prise Salz • 1 Pck. Vanillezucker • 150 g Mehl • 250-300 ml Milch
2 EL flüssige Butter • etwas Mineralwasser • Butterschmalz zum Backen
Für die Quarkcreme:
250 g Magerquark • 2 EL Crème fraîche
125 g weiche getrocknete Aprikosen • etwas Aprikosennektar oder Apfelsaft
1 Eigelb • 4 EL Zucker • 1 EL Zitronensaft
Für die Vanillesahne:
250 g Sahne • 4 Eigelb • 2 Pck. Vanillezucker • 3 EL Zucker
2 EL Aprikosenlikör, nach Belieben • 2 EL gehackte ungesalzene Pistazien

1 Die Eier mit Salz, Vanillezucker und nach und nach mit dem Mehl glatt rühren. 1/4 Liter Milch einrühren und den Teig 30 Minuten ruhen lassen.

2 Nach Bedarf Milch nachgießen, flüssige Butter und Mineralwasser dazugeben. Etwas Butterschmalz im Pancake-Maker erhitzen und 10 Pfannkuchen backen. Eine feuerfeste Form mit etwas Butterschmalz einfetten.

3 Für die Füllung den Quark gut abtropfen lassen. Den Quark mit der Crème fraîche verrühren. Die getrockneten Aprikosen in einem kleinen Topf in Nektar oder Saft einmal aufkochen und abkühlen lassen. Die Früchte abtropfen lassen, klein schneiden und etwa drei Viertel davon mit dem Quark, Eigelb und Zucker mischen. Mit Zitronensaft abschmecken. Die Quarkcreme gleichmäßig auf den Pfannkuchen verteilen und aufrollen. Die Pfannkuchen nebeneinander mit der Naht nach unten in die Form legen.

4 Den Backofen auf 180 °C vorheizen. Die Sahne zum Kochen bringen. Die Eigelbe mit Vanillezucker und Zucker schaumig rühren. Die heiße Sahne langsam dazugießen. Die restlichen Aprikosen und nach Belieben den Likör einrühren und über die Pfannkuchen gießen. Auf der mittleren Schiene im heißen Backofen 20 bis 30 Minuten überbacken. Mit den Pistazien bestreuen.

Pfannkuchenauflauf mit Brombeerkompott

Für 4-5 Portionen

Für die Pfannkuchen:
2 Eier • 3 Eigelb • 1 Prise Salz • 1/2 TL Zimt • 3 EL Zucker
200 g Mehl • 350–450 ml Milch • 2 EL flüssige Butter • etwas Mineralwasser
Butterschmalz zum Backen • weiche Butter für die Form
Für das Kompott:
500 g Brombeeren • 1/8 l Brombeersaft oder Wasser
5 EL Zucker • 1 TL Speisestärke
Für die Baiserhaube:
5 EL Mandelblättchen • 3 Eiweiß • 1 Prise Salz • 6 EL Puderzucker

1 Die Eier mit den Eigelben, Salz, Zimt und Zucker schaumig rühren. Nach und nach das Mehl dazugeben und mischen. 350 Milliliter Milch zum Teig gießen und gut verrühren. Den Teig 30 Minuten ruhen lassen.

2 Die Butter, nach Bedarf die Milch und das Mineralwasser dazugeben. Daraus im Pancake-Maker mit heißem Butterschmalz dicke Pfannkuchen backen. Die Pfannkuchen auf einer Platte mit zwei Gabeln zerreißen.

3 Für das Kompott die Brombeeren verlesen, waschen und gut abtropfen lassen. Saft oder Wasser mit dem Zucker zum Kochen bringen. Speisestärke mit etwas kaltem Wasser anrühren, dazugießen, einmal aufkochen lassen. Den Topf vom Herd ziehen und die Brombeeren einrühren. Mandeln fettfrei leicht rösten, abkühlen lassen. Die Eiweiße mit wenig Salz steif schlagen. Mit 4 Esslöffel gesiebtem Puderzucker und den Mandeln mischen.

4 Den Backofen auf 180 °C vorheizen. Eine feuerfeste Form dick mit Butter einfetten. Die Hälfte der Pfannkuchenstücke auf dem Boden der Form verteilen. Die Hälfte der Brombeeren darüber geben und mit den restlichen Pfannkuchen abdecken. Den Eischnee wolkenförmig darüber häufen. Den Auflauf auf der mittleren Schiene im heißen Backofen 20 bis 25 Minuten backen. Mit Puderzucker bestäuben. Restliches Kompott getrennt dazu reichen.

Pfannkuchenschnecken mit Birnenpüree

Für 4-5 Portionen

Für die Pfannkuchen:
3 Eier • 1 Prise Salz • 1 Pck. Vanillezucker • 100 g Mehl
200-250 ml Milch • 2 EL flüssige Butter • etwas Mineralwasser
Butterschmalz zum Backen • Butter für die Form
Für die Füllung: 350 g Birnen • 50 g Puderzucker • 2 EL Butter
2-3 EL Zitronensaft • Birnengeist, nach Belieben • 6 EL Sanddornsaft
Für den Guss: 50 g weiche Butter • 50 g Puderzucker • etwas abgeriebene Zitronenschale • 2 Eier • 50 g gemahlene Walnüsse oder Mandeln

1 Die Eier mit Salz und Vanillezucker mischen. Nach und nach das Mehl dazugeben und glatt rühren. Zunächst 200 Milliliter Milch dazugießen und alle Zutaten gut verrühren. Den Teig abgedeckt 30 Minuten ruhen lassen. Bei Bedarf noch etwas Milch hinzugießen und die flüssige Butter sowie das Mineralwasser einrühren. Im Pancake-Maker mit heißem Butterschmalz aus dem Teig Pfannkuchen backen und auf einem Teller stapeln.

2 Für die Füllung die Birnen vierteln, schälen, entkernen und fein würfeln. Den Puderzucker in einem Topf karamellisieren und die Birnenstücke darin bei milder Hitze etwa 2 Minuten garen, bis fast alle Flüssigkeit verdampft ist. Die Butter einrühren, die Birnen zerdrücken und etwas abkühlen lassen. Mit Zitronensaft und Birnengeist abschmecken. Eine Auflaufform mit Butter einfetten. Die Pfannkuchen mit dem Birnenpüree bestreichen, aufrollen und in etwa 4 Zentimeter große Stücke schneiden. Mit einer Schnittfläche nach oben nebeneinander in die Form setzen und mit Sanddornsaft begießen. Den Backofen auf 180 °C vorheizen.

3 Für den Guss die Butter mit dem Puderzucker und der Zitronenschale schaumig rühren. Die Eier trennen. Die Eigelbe mit der Buttermasse cremig rühren, die Eiweiße steif schlagen. Mit den Walnüssen mischen und den Eischnee unterziehen. Über die Pfannkuchen gießen und im Ofen 25 bis 30 Minuten überbacken.

Pfannkuchen mit Mascarpone-Pfirsich-Creme

Für 8 Pfannkuchen

Für die Pfannkuchen:
3 Eier • 1 Prise Salz • 175 g Mehl • 1/4 l Buttermilch
etwas Mineralwasser • 2 EL flüssige Butter • Haselnussöl zum Backen
Für die Creme:
2 reife Pfirsiche • 75 g Puderzucker • 200 g Mascarpone
3-4 EL Zitronensaft
Außerdem:
frische Himbeeren und gehackte Pistazien, nach Belieben
Himbeersirup

1 Ein Ei trennen, das Eiweiß kühl stellen. Die beiden anderen Eier und das Eigelb mit Salz und nach und nach mit dem Mehl glatt rühren. Die Buttermilch langsam dazugeben und den Teig 30 Minuten bei Zimmertemperatur ruhen lassen.

2 Das Mineralwasser und die flüssige Butter zum Teig geben. Das Eiweiß steif schlagen und unterheben. Nacheinander im Pancake-Maker mit etwas Haselnussöl 8 Pfannkuchen backen. Im Backofen bei 100 °C warm halten, bis alle Pfannkuchen fertig gebacken sind.

3 Die Pfirsiche vierteln, den Stein entfernen und die Haut abziehen. Falls das nicht geht, die ganzen Pfirsiche kurz in kochendes Wasser tauchen, unter kaltem Wasser abschrecken und dann häuten.

4 Zwei Pfirsichviertel in schmale Spalten schneiden. Die anderen fein würfeln und mit dem gesiebten Puderzucker mischen. Den Mascarpone mit dem Zitronensaft mischen, dann die Pfirsiche unterrühren.

5 Die heißen Pfannkuchen mit der Mascarponecreme anrichten, mit Pfirsichspalten, ein paar frischen Himbeeren und gehackten Pistazien garnieren und mit Himbeersirup beträufeln.

Aprikosenpfannkuchen mit Karamellsauce

Für 8 Pfannkuchen

Für die Pfannkuchen:
4 Eier • 1 Prise Salz • etwas abgeriebene Orangenschale
1 Pck. Vanillezucker • 2 EL Zucker • 200 g Mehl
350-400 ml Milch • 2 EL flüssige Butter • Butterschmalz zum Backen
1 große Dose Aprikosen • 4 EL Zucker
Für die Sauce:
75 g Puderzucker • 1 EL Ahornsirup oder Honig • 250-300 g Sahne
1 kleine, reife Banane • 2 EL Butter • Puderzucker zum Bestäuben

1 Die Eier trennen. Die Eiweiße kühl stellen. Die Eigelbe mit Salz, Orangenschale, Vanillezucker und Zucker verrühren. Nach und nach das Mehl dazugeben und 350 Milliliter Milch unterrühren. Den Teig 30 Minuten ruhen lassen.

2 Nach Bedarf Milch und die flüssige Butter zum Teig geben. Die Eiweiße mit etwas Salz steif schlagen und unter den Teig heben. Den Backofen auf 180 °C vorheizen. Butterschmalz im Pancake-Maker erhitzen und ein Viertel des Teigs hineingeben. Sobald die Unterseite angezogen hat, ein Viertel der abgetropften Aprikosen mit der Rundung nach unten hineinsetzen und mit 1 Esslöffel Zucker bestreuen. Die Pfannkuchen auf ein mit Backpapier belegtes Backblech geben und im Ofen in 5 bis 8 Minuten fertig garen. Die anderen Pfannkuchen ebenso herstellen.

3 Für die Sauce den gesiebten Puderzucker in einem Topf zu hellem Karamell schmelzen. Ahornsirup oder Honig mit der Sahne erhitzen und etwa 200 Gramm Sahne langsam zum Karamell gießen. Erwärmen, bis sich der Karamell wieder gelöst hat. Banane schälen, mit einer Gabel zerdrücken. Bananenmus mit der Butter zur heißen Sauce geben und gut mischen. Die Sauce etwas abkühlen lassen und durchpassieren.

6 Die Pfannkuchen mit etwas Puderzucker bestäuben und mit etwas Karamellsauce beträufeln, den Rest getrennt dazu reichen.

Kokospfannkuchen mit Ananassauce

Für 6-8 Pfannkuchen

Für die Pfannkuchen:
50 g Kokosraspel • 100 g Mehl • 1 EL Kakaopulver
2 EL geriebene Zartbitterschokolade • 1 Pck. Vanillezucker
2 Eier • 1 Prise Salz • 150 ml Kokosmilch • 2 EL flüssige Butter
100 ml Mineralwasser • Butterschmalz zum Backen
Für die Sauce:
1 reife Ananas • 75 g Butter • 75-100 g Zucker
1 TL frisch geriebener Ingwer • 3-4 EL Zitronensaft
etwas Kokoslikör, nach Belieben • 6-8 EL Nuss-Nugat-Creme

1 Die Hälfte der Kokosraspel in einer fettfreien Pfanne goldgelb rösten. Mit Mehl, Kakaopulver, Schokolade und Vanillezucker mischen. Die Eier trennen. Die Eiweiße kühl stellen, die Eigelbe mit Salz, Kokosmilch und der flüssigen Butter verrühren. Die Flüssigkeit langsam unter Rühren zur Mehlmischung geben und glatt rühren. Den Teig 30 Minuten ruhen lassen.

2 Den Teig mit dem Mineralwasser zu einem nicht zu dickflüssigen Teig verrühren. Die Eiweiße steif schlagen und unter den Teig heben. Aus dem Teig nacheinander im Pancake-Maker mit heißem Butterschmalz 6 bis 8 Pfannkuchen backen. Die Pfannkuchen im Backofen bei 100 °C warm halten.

3 Für die Sauce die Ananas mit einem scharfen Messer schälen, vierteln und den Strunk sowie die dunklen Stellen herausschneiden. Das Fruchtfleisch klein schneiden. Die Butter erhitzen, Ananas, Zucker und Ingwer dazugeben und 15 Minuten garen. Die Ananas mit dem Mixstab grob pürieren. Mit Zitronensaft und Kokoslikör abschmecken und eventuell noch etwas zuckern.

4 Die heißen Pfannkuchen mit Nuss-Nugat-Creme und etwas Ananassauce bestreichen und jeweils zu einer Tüte formen. Das restliche Ananaspüree in eine feuerfeste Form füllen. Pfannkuchentüten in die Form setzen, mit den restlichen Kokosraspeln bestreuen. Kurz unter dem heißen Grill bräunen.

Hefepfannkuchen mit Lorbeer-Zwetschgen

Für 12 Pfannkuchen

Für die Pfannkuchen:
250 g Mehl • 1/2 Würfel Hefe • 40 g weiche Butter • 1 Prise Salz
3 EL Zucker • 2 Eier • 200-250 ml Milch
Für das Kompott:
500 g Zwetschgen • 75 g brauner Zucker • 1 Zimtstange • 3 Lorbeerblätter
2 Sternanis • 3 Gewürznelken • 2 EL Slibowitz, nach Belieben
Außerdem:
Butterschmalz zum Backen • feiner Zucker zum Bestreuen

1 Das Mehl in eine Schüssel sieben, die Hefe hineinbröckeln und kurz mischen. Butter, Salz, Zucker, zimmerwarme Eier und 200 Milliliter lauwarme Milch dazugeben und alles gründlich zu einem zähflüssigen Teig verrühren. Nach Bedarf noch etwas Milch dazugießen. Den Teig 45 Minuten ruhen lassen, bis er sein Volumen ungefähr verdoppelt hat.

2 Die Zwetschgen waschen, halbieren und entkernen. Die Früchte mit dem Zucker mischen und 15 Minuten Saft ziehen lassen. Dann bei milder Hitze mit den Gewürzen zum Kochen bringen. Die Zwetschgen 5 bis 8 Minuten garen. Zum Abkühlen in eine Schüssel füllen. Nach Belieben mit etwas Slibowitz parfümieren.

3 Mit etwas heißem Butterschmalz im Pancake-Maker 12 kleine Pfannkuchen backen. Die fertigen Pfannkuchen im Backofen bei 100 °C warm halten, bis alle fertig gebacken sind. Die Hefepfannkuchen vor dem Anrichten mit etwas Zucker bestreuen. Die festen Gewürze aus dem Kompott entfernen und das Kompott getrennt zu den Pfannkuchen reichen.

Unser Tipp

Eierkuchen sollten nicht kalt werden. Stellen Sie die fertig gebackenen Pfannkuchen immer im vorgewärmten Backofen warm. Damit sie nicht ankleben, legen Sie Backpapier dazwischen.

Schaumomelett mit Waldbeeren

Für 4 Omeletts

Für das Kompott:
1 Blatt rote Gelatine • 300 g tiefgefrorene Waldbeeren
etwa 50-75 ml Beerensaft oder Wasser • 3-4 EL Zucker
Für die Pfannkuchen:
4 Eier • 2 EL Puderzucker • 1 Pck. Vanillezucker
1 TL Mehl • 2 EL Milch • 1 Prise Salz
Butterschmalz zum Backen
Außerdem:
2 EL Mandelblättchen • Puderzucker zum Bestäuben

1 Die Gelatine in kaltem Wasser 10 Minuten einweichen. Die Früchte in einem Sieb auftauen lassen und den Saft dabei auffangen. Diesen Saft mit einem anderen Beerensaft oder Wasser auf 1/8 Liter auffüllen und mit dem Zucker zum Kochen bringen. Die Gelatine gut ausdrücken und in dem heißen, aber nicht kochenden Saft auflösen. Leicht abkühlen lassen, mit den Beeren mischen und beiseite stellen.

2 Die Eier trennen. Die Eiweiße kühl stellen. Die Eigelbe mit gesiebtem Puderzucker, Vanillezucker und Mehl verrühren. Die Milch einrühren und den Teig 5 Minuten ruhen lassen. Die Eiweiße mit etwas Salz sehr steif schlagen und unter den Teig heben.

3 Etwa 1 Esslöffel Butterschmalz im Pancake-Maker erhitzen, die Hälfte des Teigs einfüllen und bei niedriger Temperatur backen. Nach etwa 1 Minute den Pancake-Maker schließen und das Omelett in etwa 2 bis 3 Minuten fertig backen.

4 Das fertige Omelett zusammenklappen und auf einem Teller im Backofen bei 100 °C warm halten, bis die anderen Omeletts fertig gebacken sind. Die Omeletts mit Mandelblättchen bestreuen und mit etwas gesiebtem Puderzucker bestäuben. Das Kompott dazu reichen.

Buchweizenplinsen mit Stachelbeergrütze

Für 16 Plinsen

Für die Plinsen:
1/4 l Milch • 1/4 l Wasser • 1 Prise Salz • 50 g Zucker
200 g Buchweizenmehl • 200 g Mehl • 30 g frische Hefe
4 EL lauwarme Milch • 2 Eier • 50 g weiche Butter
Sonnenblumenöl zum Backen
Für die Grütze:
500 g Stachelbeeren • 150 ml Weißwein • 1 Zimtstange
75 g Zucker • 1 TL Speisestärke
Für die Creme:
50 g gehackte Haselnüsse • 125 g Crème double • 1 Pck. Vanillezucker
1 EL Zucker • 1-2 EL Zitronensaft • 1 Zweig Zitronenmelisse

1 Milch mit Wasser, Salz und 3 Esslöffel Zucker aufkochen und Buchweizenmehl einrühren. Abkühlen lassen. Mehl in eine Schüssel sieben. Hefe in die Mitte bröckeln, den restlichen Zucker darüber streuen und die Hefe mit etwas lauwarmer Milch glatt rühren. 10 Minuten abgedeckt ruhen lassen.

2 Eier trennen. Eigelbe mit dem lauwarmen Buchweizenbrei und dem Mehl verrühren. Mit der Butter zu einem Teig verarbeiten. Eiweiße zu Schnee schlagen und unterheben. Abgedeckt etwa 30 Minuten gehen lassen. Im Pancake-Maker in heißem Öl Handteller große Plinsen backen und im Backofen bei 100 °C warm halten, bis alle Pfannkuchen gebacken sind.

3 Für die Grütze die Stachelbeeren putzen, waschen und mit Wein, Zimtstange und Zucker 2 bis 3 Minuten kochen. Speisestärke mit kaltem Wasser glatt rühren, zu den Stachelbeeren gießen, aufkochen und abkühlen lassen.

4 Die Nüsse in einer Pfanne ohne Fett rösten. Die Crème double mit den Nüssen, Vanillezucker und Zucker cremig rühren. Mit Zitronensaft abschmecken. Die Melisseblättchen in Streifen schneiden, in die Grütze einrühren. Die Zimtstange entfernen. Die heißen Plinsen mit der Grütze und der Creme anrichten.

Dinkelpfannkuchen mit Preiselbeer-Birnen-Kompott

Für 10-12 Pfannkuchen

Für die Pfannkuchen:
4 Eier • 1 Prise Salz • 12 EL Agavendicksaft (aus dem Reformhaus oder Bioladen) oder Honig • 250 g frisch gemahlenes Dinkelmehl 350-450 ml Milch • Walnussöl zum Backen • 50 g Walnüsse

Für das Kompott:
1 Blatt rote Gelatine • 600 g Birnen • 1/8 l Birnennektar • 1 Zimtstange 1 Gewürznelke • 1 Sternanis • 4–5 EL Zucker • 4 EL Preiselbeerkompott

1 Die Eier mit Salz und 3 Esslöffel Agavendicksaft oder flüssigem Honig verrühren. Das Dinkelmehl nach und nach einrühren. Dann 350 Milliliter Milch dazugießen und den Teig 30 Minuten ruhen lassen.

2 Nach Bedarf die restliche Milch einrühren. Nacheinander im Pancake-Maker in heißem Walnussöl 10 bis 12 dünne Pfannkuchen backen und im 100 °C heißen Backofen warm halten, bis alle Pfannkuchen fertig sind.

3 Die Walnüsse in einer Pfanne ohne Fett leicht rösten, dann grob hacken. Anschließend mit dem restlichen Agavendicksaft oder dem flüssigen Honig mischen und beiseite stellen.

4 Die Gelatine in reichlich kaltem Wasser einweichen. Die Birnen vierteln, entkernen und schälen. Die Birnenviertel in kleine Würfel schneiden. Mit dem Birnennektar, den Gewürzen und dem Zucker 2 bis 3 Minuten kochen.

5 Die Gelatine gut ausdrücken und in dem heißen, aber nicht kochenden Birnennektar auflösen und kühl stellen. Das Preiselbeerkompott einrühren. Die Fruchtzubereitung gelegentlich umrühren.

6 Die heißen Dinkelpfannkuchen mit etwas Walnussdicksaft oder Walnusshonig beträufeln und das Kompott getrennt dazu reichen.

Feine Variationen zum Dessert

Pfannküchlein mit Rhabarber

Für 12 Pfannkuchen

Für die Pfannkuchen:
3 Eier • 1 Prise Salz • 1 EL Honig • 1/4 l lauwarme Milch
10 g frische Hefe • 150 g Mehl • 65 g Rumrosinen (Fertigprodukt)
Butterschmalz zum Backen • 8 EL gehackte ungesalzene Pistazien
Für das Kompott:
300 g Rhabarber • 100 ml Johannisbeersaft • 1 Zimtstange
1 Gewürznelke • 5-6 EL Zucker • 125 g Sahnequark
1 Pck. Vanillezucker • 150 g Vanillejogurt • 1 EL Honig
1 EL Zitronensaft
Außerdem:
etwas Puderzucker zum Bestäuben

1 Die Eier mit Salz und Honig verrühren. Die lauwarme Milch mit der Hefe glatt rühren. Die Eier dazugeben, das Mehl hinzufügen und alles verrühren. Den Teig abgedeckt 30 Minuten ruhen lassen.

2 Anschließend die Rumrosinen dazugeben. Im Pancake-Maker in heißem Butterschmalz handtellergroße Küchlein backen. Sobald die Unterseite der Pfannkuchen etwas angezogen hat, auf die noch flüssige Oberfläche ein paar Pistazien streuen. Anschließend den Pancake-Maker wenden und die Pfannkuchen goldgelb fertig backen. Die fertigen Pfannkuchen im Backofen bei 100 °C warm halten.

3 Den Rhabarber putzen, waschen, dicke Stangen längs halbieren. Die Stangen schräg in etwa 2 Zentimeter lange Stücke schneiden. Den Rhabarber in dem Johannisbeersaft mit den Gewürzen und dem Zucker bissfest garen, dann abkühlen lassen. Die festen Gewürze aus dem Kompott entfernen.

4 Den Sahnequark mit Vanillezucker, Vanillejogurt und Honig verrühren, mit Zitronensaft abschmecken. Die Pfannküchlein vor dem Anrichten mit Puderzucker bestäuben, das Kompott und den Vanillequark getrennt dazu reichen.

Schokoladenpfannkuchen mit Pralinencreme

Für 6-8 Pfannkuchen

Für die Pfannkuchen:
30 g Zartbitterschokolade • 2 Eier • 1 Eigelb • 1 Prise Salz
1 Pck. Vanillezucker • 1 EL Zucker • 2 EL Kakaopulver
100 g Mehl • 200-250 ml Milch • 2 EL flüssige Butter
Butterschmalz zum Backen • Puderzucker zum Bestäuben
Für die Creme:
150 g Zartbitterschokolade • 200 g Sahne • 1 Pck. Vanillezucker
etwas abgeriebene Orangenschale • 2 EL Orangenlikör
Für die Sauce:
1 reife Mango • 100 ml Maracujanektar • 1-2 EL Zucker • etwas Zitronensaft

1 Die Schokolade fein reiben. Die Eier mit dem Eigelb, Salz, Vanillezucker, Zucker und Kakaopulver glatt rühren. Nach und nach das Mehl dazugeben und 200 Milliliter Milch unterrühren. Den Teig 30 Minuten ruhen lassen.

2 Die Schokolade, eventuell noch etwas Milch und die flüssige Butter zum Teig geben und gut mischen. Im Pancake-Maker in heißem Butterschmalz 4 Pfannkuchen backen und im Backofen bei 50 °C warm halten.

3 Für die Pralinencreme die Schokolade grob hacken und in der Sahne unter Rühren auflösen. Vanillezucker, Orangenschale und Orangenlikör einrühren und mindestens 1 Stunde kühl stellen. Dann mit dem elektrischen Handrührgerät cremig aufschlagen.

4 Die Mango schälen und das Fruchtfleisch vom Stein schneiden, etwa 2 Esslöffel fein würfeln. Den Rest in dem Maracujasaft pürieren. Mit Zucker und Zitronensaft abschmecken. Die Mangowürfel dazugeben.

5 Die lauwarmen Pfannkuchen mit der Pralinencreme bestreichen, zusammenklappen, mit etwas Puderzucker bestäuben und mit der Mango-Maracuja-Sauce sofort anrichten.

Flambierte Pfannkuchen mit Erdbeeren

Für 6-8 Pfannkuchen

Für die Pfannkuchen:
1 Ei • 1 Eigelb • 1 Prise Salz • 80 g Mehl • 100-125 ml Milch
2 EL flüssige Butter • Butterschmalz zum Backen
5-6 EL Orangenlikör (z.B. Cointreau)
Außerdem:
350 g Erdbeeren • 1 EL Zucker • 125 g Sahne
1 Pck. Vanillezucker • etwas abgeriebene Zitronenschale
4 Kugeln Zitronensorbet (Fertigprodukt) • 6-8 Zweige Zitronenmelisse

1 Das Ei mit dem Eigelb und dem Salz mischen. Nach und nach das Mehl dazugeben und glatt rühren. 100 Milliliter Milch einrühren und den Teig 30 Minuten ruhen lassen.

2 Nach Bedarf noch etwas Milch und die flüssige Butter zum Teig geben und im Pancake-Maker in heißem Butterschmalz dünne Pfannkuchen backen. Jeden fertigen Pfannkuchen im Pancake-Maker mit 1 Esslöffel Orangenlikör begießen und anzünden. Wenn die Flamme erloschen ist, den Pfannkuchen auf einen Teller geben und im Backofen bei 100 °C warm halten.

3 Die Erdbeeren waschen und gut abtropfen lassen. Die Stielansätze entfernen und die Beeren je nach Größe halbieren oder vierteln. Mit Zucker und dem restlichen Orangenlikör mischen. Die Sahne mit Vanillezucker und etwas abgeriebener Zitronenschale steif schlagen.

4 Jeweils 1 Pfannkuchen mit einigen marinierten Erdbeeren und einem Klecks Sahne auf Desserttellern anrichten. 1 Kugel Sorbet dazu setzen und mit etwas Zitronenmelisse garnieren.

Unser Tipp

Zum Flambieren nur hochprozentigen Alkohol verwenden. Nie direkt aus der Flasche aufs Dessert gießen. Es besteht Explosionsgefahr.

Orangenomeletts mit Pistaziensauce

Für 6-8 Omeletts

Für die Pfannkuchen:
3 unbehandelte Blutorangen • 3 Eier • 1 Prise Salz
1 Pck. Vanillezucker • 80 g Mehl • 150-200 ml Milch • 2 EL flüssige Butter
Butterschmalz zum Backen
Für die Sauce:
4 Eigelb • 4 EL Mandellikör • Saft von 1 Orange • 3 EL Zitronensaft
4 EL Zucker • 75 g gem. Pistazien • 4 EL geschlagene Sahne

1 Die Orangen heiß waschen. Die Schale von 1 Frucht abreiben. Die Schalen der beiden anderen Früchte mit einem Zestenreißer abziehen.

2 Die Orangen schälen und mit einem scharfen Messer die Filets lösen.

3 Die Eier trennen. Die Eiweiße kühl stellen. Die Eigelbe mit Salz, Vanillezucker und geriebener Orangenschale mischen. Das Mehl einrühren und 150 Milliliter Milch dazugeben. Den Teig 30 Minuten ruhen lassen.

4 Bei Bedarf noch etwas Milch zum Teig geben und die Butter einrühren. Die Eiweiße steif schlagen und unter den Teig heben. Ein Backblech mit Backpapier auslegen. Den Backofen auf 180 °C vorheizen.

5 Im Pancake-Maker in heißem Butterschmalz auf nur einer Seite kleine Omeletts backen und aufs Backblech setzen. Die abgetropften Orangenfilets auf den Omeletts mit den Schalenstreifen verteilen und im Backofen auf der mittleren Schiene 6 bis 8 Minuten backen.

6 Für die Sauce die Eigelbe mit dem Likör, Orangen- und Zitronensaft und Zucker im Wasserbad schaumig rühren. Dann kalt schlagen.

7 Zwei Drittel der Pistazien mit der Sauce mischen. Die Sahne unterheben. Die Sauce mit den Omeletts anrichten und mit Pistazien bestreuen.

Pfannkuchentüten mit Himbeer-Brombeer-Kompott

Für 6-8 Pfannkuchentüten

Für die Pfannkuchen:
2 Eier • 1 Eigelb • 1 Prise Salz • 75 g Mehl • 100 ml Milch
1 EL Zucker • etwas Mineralwasser • 2 EL flüssige Butter
Butterschmalz zum Backen
Für das Kompott:
200 g Himbeeren • 200 g Brombeeren • 1 EL Himbeergeist
4-6 TL Zucker • 1 EL Brombeerlikör oder Weinbrand
Für die Garnitur:
100 g Sahne • etwas Vanillezucker • 6-8 Zweige Pfefferminze

1 Die Eier und das Eigelb mit Salz, Mehl, Milch, Zucker und etwas Mineralwasser glatt rühren. Den Teig 15 Minuten ruhen lassen.

2 Nach Bedarf noch etwas Mineralwasser und die flüssige Butter einrühren. Etwas Butterschmalz im Pancake-Maker erhitzen und aus dem Teig 6-8 Pfannkuchen backen. Die Pfannkuchen im Backofen bei 100 °C warm halten.

3 Die Früchte verlesen, waschen und gut abtropfen lassen. Die Himbeeren mit dem Himbeergeist und der Hälfte des Zuckers, die Brombeeren mit dem Brombeerlikör oder dem Weinbrand und dem restlichen Zucker vermischen.

4 Die Sahne halb steif schlagen, den Vanillezucker einrieseln lassen und die Sahne steif schlagen.

5 Jeden abgekühlten Pfannkuchen einmal zusammenfalten und zu einer Tüte formen. Jeweils eine kleine Papierserviette um eine Pfannkuchentüte legen und in ein hübsches Glas stellen.

6 Abwechselnd Himbeeren und Brombeeren in die Pfannkuchentüten füllen. Mit einem Klecks geschlagener Sahne verzieren und mit einem kleinen Zweig Pfefferminze garnieren.

Holunderblüten-pfannkuchen mit Sirup

Für 10 Pfannkuchen

Für die Pfannkuchen:
4 Eier • 1 Prise Salz • 2 Msp. Zimt • 150 g Mehl
100 g Instant-Haferflocken • 8-10 EL Holunderblütensirup
400-500 ml Milch • 8 Holunderblütendolden
Butterschmalz zum Backen
Außerdem:
200 g Sahne • 100 ml Holunderbeersaft

1 Die Eier mit Salz und Zimt verrühren. Nach und nach Mehl, Haferflocken, 2 Esslöffel Holunderblütensirup und 400 Milliliter Milch einrühren und den Teig 30 Minuten ruhen lassen. Nach Bedarf noch etwas Milch hinzufügen. Der Teig sollte dickflüssig sein.

2 Die Holunderblütendolden ausschütteln. Reichlich Butterschmalz im Pancake-Maker erhitzen. Nacheinander die Dolden in den Teig tauchen, etwas abtropfen lassen und in dem heißen Fett goldgelb braten.

3 Sobald die Unterseite angezogen hat, so viel Stängel wie möglich wegschneiden; sie schmecken bitter. Dann den Pancake-Maker wenden und den Pfannkuchen auf der zweiten Seite goldgelb backen. Die fertigen Pfannkuchen im Backofen bei 100 °C warm halten.

4 Die Sahne mit dem Holunderbeersaft um gut ein Drittel einkochen. Den restlichen Sirup einrühren und zu den Holunderblütenpfannkuchen reichen.

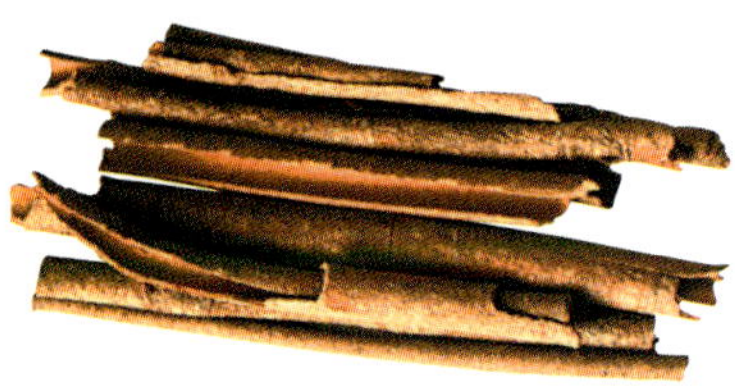

Ingwerpfannkuchen mit exotischem Kompott

Für 6-8 Pfannkuchen

Für die Pfannkuchen:
4 EL Kokosraspel • 1 TL frisch geriebener Ingwer • 2 Eier
1 Prise Salz • 1 Pck. Vanillezucker • 80 g Mehl • 1 Msp. Backpulver
200 ml Milch • 2-3 EL Crème fraîche • Butterschmalz zum Backen
4 EL Ingwerkonfitüre
Für das Kompott:
125 g Kumquats (Zwergorangen) • 6 EL Honig
5 Scheiben Ananas aus der Dose • 1-2 EL Zitronensaft

1 Die Kokosraspel in einer Pfanne ohne Fett goldgelb rösten und abkühlen lassen. In der Zwischenzeit den Ingwer mit den Eiern, Salz und Vanillezucker verrühren. Nach und nach Mehl und Backpulver hinzufügen, die Milch dazugeben und alles glatt rühren. Den Teig 30 Minuten ruhen lassen.

2 3 Esslöffel geröstete Kokosraspel und so viel Crème fraîche wie nötig zum Teig geben, bis er dickflüssig ist. Im Pancake-Maker in heißem Butterschmalz nacheinander 4 Pfannkuchen backen

3 Die Pfannkuchen sofort mit der Ingwerkonfitüre bestreichen und aufrollen. Anschließend die aufgerollten Pfannkuchen auf einen Teller geben und im Backofen bei 50 °C warm halten.

4 Die Kumquats waschen, trockenreiben und in Scheiben schneiden. In wenig Wasser in 15 bis 20 Minuten weich kochen. Die leicht abgetropften Kumquatscheiben mit dem Honig mischen. Die Ananasscheiben gründlich abtropfen lassen, klein schneiden und gut die Hälfte mit dem Mixstab pürieren. Ananaspüree und Ananasstücke mit den Kumquats mischen, mit Zitronensaft abschmecken.

5 Die aufgerollten Pfannkuchen mit den restlichen Kokosraspeln bestreuen und mit dem Kompott anrichten.

Grünkernpfannkuchen mit Feigenkompott

Für 4 Portionen

Für die Pfannkuchen:
3 Eier • 1 Prise Salz • 8 EL flüssiger Honig
150 g frisch gemahlenes Grünkernmehl • 250-300 ml Milch
2 EL flüssige Butter • Walnussöl zum Backen
Für das Kompott:
6 große frische Feigen • 75 g Zucker • 150 ml roter Portwein
1 Lorbeerblatt • 2 cm frischer geschälter Ingwer • 1 Zweig Thymian
50 g Walnüsse

1 Die Eier mit Salz und 2 Esslöffel Honig verrühren. Das Grünkernmehl nach und nach hinzufügen und glatt rühren. 1/4 Liter Milch dazugeben und den Teig 1 Stunde ruhen lassen.

2 Nach Bedarf noch etwas Milch und die Butter einrühren. Im Pancake-Maker nacheinander in heißem Walnussöl Pfannkuchen backen und im Backofen bei 100 °C warm halten.

3 Die Feigen mit einem feuchten Tuch abreiben und achteln. Den Zucker zu einem hellen Karamell schmelzen. Den Portwein mit den Gewürzen und dem Thymian zum Kochen bringen und langsam zum Karamell gießen. So lange erhitzen, bis sich der Karamell wieder gelöst hat und die Flüssigkeit leicht sirupartig ist.

4 Die Feigen in eine Schale legen und mit dem heißen Karamell-Portwein-Sirup begießen und abkühlen lassen. Zwischendurch mehrmals umrühren. Vor dem Servieren die festen Gewürze und den Thymian entfernen.

5 Die Walnüsse in einer Pfanne ohne Fett leicht anrösten und auf einem Teller abkühlen lassen. Die Nusskerne grob hacken und vorsichtig mit dem restlichen Honig mischen. Die Grünkernpfannkuchen mit dem Walnusshonig beträufeln und mit dem Feigenkompott anrichten.

Kürbiskernpfannkuchen mit Limetten-Creme

Für 4 Portionen

Für die Pfannkuchen:
4 EL Kürbiskerne • 2 Eier • 1 Prise Salz • 1/2 TL Kurkuma
etwas abgeriebene Zitronenschale • 150 g Mehl • 250-350 ml Milch
2 EL flüssige Butter • Butterschmalz zum Backen
Für die Creme:
4 EL Kürbiskerne • 1 TL Kürbiskernöl
1 kleiner Hokkaidokürbis, etwa 300 g • 1/8 l Milch • 1-2 Limetten
1 TL frisch geriebener Ingwer • 2 EL Honig • 2-3 EL Sahne

1 Die Kürbiskerne für die Pfannkuchen in einer Pfanne ohne Fett leicht rösten und grob hacken. Die Eier mit Salz, Kurkuma und etwas abgeriebener Zitronenschale verrühren. Nach und nach das Mehl einrühren und mit 1/4 Liter Milch glatt rühren. Den Teig 30 Minuten ruhen lassen.

2 Nach Bedarf noch etwas Milch, die gehackten Kürbiskerne und die flüssige Butter mit dem Teig mischen. Im Pancake-Maker in heißem Butterschmalz nacheinander Pfannkuchen goldgelb backen und im Backofen bei 100 °C warm halten.

3 Die Kürbiskerne in einer fettfreien Pfanne leicht rösten und mit dem Kürbiskernöl mischen. Den Kürbis vierteln, weiche Teile und die Kerne entfernen. Den Kürbis schälen und in der Milch bei milder Hitze weich kochen.

4 Die Limetten heiß waschen und trockenreiben. Die Schale von 1 Frucht abreiben und die Früchte auspressen. Bei saftreichen Früchten genügt auch eine Limette.

5 Das weiche Kürbisfleisch abgießen und mit dem Mixstab pürieren. Mit Limettenschale und Limettensaft, Ingwer, Honig und etwas Sahne verrühren. Die heißen Pfannkuchen mit der lauwarmen Kürbis-Limetten-Creme bestreichen, zusammenklappen und mit den Kürbiskernen bestreuen.

Pfannkuchen international

Crêpes Suzette

Aus Frankreich

Für 4 Portionen

Für die Crêpes:
2 Eier • 1 Eigelb • 1 Prise Salz • 100 g Mehl • 1 Pck. Vanillezucker
3 TL Zucker • 1/8 l Milch • 75 ml Mineralwasser • 2 EL Orangenlikör
2 EL flüssige Butter • Butterschmalz zum Backen
Für die Sauce:
1 unbehandelte Zitrone • 3 unbehandelte Orangen
6 Stück Würfelzucker • 80 g weiche Butter • 1 EL Zucker • 1 Prise Salz
3 EL Orangenlikör • 2 EL Cognac

1 Die Eier und das Eigelb mit Salz, Mehl, Vanillezucker und Zucker glatt rühren. Die Milch und etwa die Hälfte des Mineralwassers dazugießen und gut mischen. Den Teig 1 Stunde ruhen lassen.

2 Dann den Teig durch ein feines Sieb gießen. Nach Bedarf das restliche Mineralwasser und den Orangenlikör sowie die flüssige Butter unterrühren.

3 Im Pancake-Maker etwas Butterschmalz erhitzen und nacheinander hauchdünne Crêpes backen. Die Crêpes auf einem flachen Teller stapeln, bis alle fertig gebacken sind.

4 Die Zitrone und die Orangen heiß waschen und trockenreiben. Jeweils 3 Stück Würfelzucker kräftig an der Zitrone und an 1 Orange reiben. Die Orangen auspressen und 1/8 Liter abmessen. Die weiche Butter mit dem Zucker und dem Salz cremig rühren. Orangenlikör und Cognac mischen.

5 Orangensaft mit dem Würfelzucker und der Butter in einer kupfernen Flambierpfanne zum Kochen bringen und um knapp die Hälfte einkochen.

6 Die Crêpes beidseitig durch die Sauce ziehen und zu einem Dreieck zusammenfalten. Die Crêpes in die Flambierpfanne geben, mit der restlichen Sauce beträufeln. Den Alkohol darüber gießen und flambieren.

Crêpetaschen mit Cidreäpfeln

Aus Frankreich

Für 4 Portionen

Für die Crêpes:
2 Eier • 1 Prise Salz • 1 Pck. Vanillezucker • 1 Prise Kardamom
100 g Mehl • 150-200 ml Milch • etwas Mineralwasser • 2 EL flüssige Butter
Butterschmalz zum Backen • 2 große Äpfel • 1/8 l Cidre • 4 EL Apfeldicksaft
1 Vanillestange • 1 Zimtstange • 1/2 TL Lebkuchengewürz
etwas abgeriebene Zitronenschale • 1 TL Speisestärke • 3 EL Calvados
3 EL gemahlene Haselnüsse • 150 g Sahne • 2 EL Zucker
Außerdem: 4 Holzspießchen • Puderzucker und Zimt zum Bestäuben

1 Eier mit Salz, Vanillezucker und Kardamom mischen. Das Mehl einrühren und mit 150 Milliliter Milch glatt rühren. Den Teig 1 Stunde ruhen lassen. Nach Bedarf die restliche Milch, etwas Mineralwasser und die Butter einrühren. Im Pancake-Maker Crêpes backen und im Ofen bei 100 °C warm halten.

2 Für die Füllung die Äpfel vierteln, entkernen und schälen. Die Apfelviertel fein würfeln. Den Cidre mit 3 Esslöffel Apfeldicksaft verrühren. Die Vanillestange aufschneiden, das Mark herausschaben. Schote und Mark, die Zimtstange, das Lebkuchengewürz und die Zitronenschale zum Cidre geben. Die Apfelwürfel hinzufügen und bissfest garen.

3 Die Speisestärke mit etwas kaltem Wasser glatt rühren, zu den Äpfeln gießen und einmal aufkochen lassen. Mit 2 Esslöffel Calvados und dem restlichen Apfeldicksaft abschmecken. Abkühlen lassen und Gewürze entfernen.

4 Die Haselnüsse in einer Pfanne ohne Fett leicht rösten und abkühlen lassen. Die Sahne halb steif schlagen, den Zucker einrieseln lassen und die Sahne steif schlagen. Die Haselnüsse und den restlichen Calvados unterheben.

5 Jeden Crêpe mit etwas Kompott füllen, zu kleinen Säckchen formen und mit einem Holzspießchen zusammenstecken. Die Haselnusssahne und das restliche Apfelkompott auf Tellern verteilen, die Crêpesäckchen hineinsetzen und mit Puderzucker und Zimt bestäuben.

Crespelle mit Orangenschaum

Aus Italien

Für 4 Portionen

Für die Crespelle:
2 Eier • 1 Eigelb • 1 Prise Salz • etwas abgeriebene Orangenschale
125 g Mehl • 200-250 ml Milch • 3 EL flüssige Butter
Butterschmalz zum Backen • Puderzucker zum Bestäuben
Für die Füllung:
3 EL Butter • 4 EL Mehl • 75 ml Milch • 1 Prise Salz • 3 Eier
3 EL Zucker • 1 EL Zitronensaft • 3 EL frisch gepresster Orangensaft
etwas abgeriebene Orangenschale

1 Die Eier mit dem Eigelb, Salz und etwas abgeriebener Orangenschale verrühren. Das Mehl nach und nach dazugeben. Zum Schluss 200 Milliliter Milch unterrühren. Den Teig 1 Stunde ruhen lassen.

2 Nach Bedarf die restliche Milch und die flüssige Butter mit dem Teig mischen. Im Pancake-Maker in heißem Butterschmalz nacheinander 8 dünne Crespelle backen und auf einen flachen Teller legen. Den Backofen auf 200 °C vorheizen. Eine feuerfeste Form mit etwas flüssigem Butterschmalz einfetten.

3 Für die Füllung die Butter in einem Topf erhitzen. Das Mehl auf einmal dazugeben und kurz erhitzen. Die Milch mit etwas Salz dazugeben und kurz aufkochen lassen.

4 Die heiße Masse in eine Schüssel füllen. Die Eier trennen. Die Eiweiße steif schlagen. Ein Eigelb nach dem anderen zum Brandteig geben und unterrühren. Zucker, Zitronen- und Orangensaft sowie die abgeriebene Orangenschale einrühren und den Eischnee unterheben.

5 Jeweils etwas Füllung auf eine Crespelle-Hälfte legen und locker zu einem Viertel zusammenschlagen. Die gefüllten Crespelle in die gefettete Form legen, mit etwas Puderzucker bestäuben und im heißen Backofen auf der mittleren Schiene 8 bis 10 Minuten backen. Sofort anrichten.

Topfenpalatschinken

Aus Österreich

Für 6 Portionen

Für die Palatschinken:
3 Eier • 1 Prise Salz • 1 Pck. Vanillezucker • 150 g Mehl
250-300 ml Milch • 2 EL flüssige Butter • Butterschmalz zum Backen
Für die Füllung:
75 g weiche Butter • 5 EL Zucker • 3 Eier • 1 Prise Salz • 5 EL Puderzucker
250 g Quark (20% Fett) • 1 Pck. Vanillezucker • etwas abgeriebene
Zitronenschale • 1-2 EL Zitronensaft • 100 g Rumrosinen (Fertigprodukt)
Für den Guss:
175 ml Milch • 150 g Crème fraîche • 4 Eigelb
1 Pck. Vanillezucker • 3 EL Zucker
Außerdem:
Butter für die Form • Puderzucker zum Bestäuben

1 Die Eier mit Salz und Vanillezucker mischen. Das Mehl nach und nach einrühren und 1/4 Liter Milch dazugeben. Den Teig 30 Minuten ruhen lassen. Nach Bedarf die restliche Milch und die flüssige Butter einrühren. Im Pancake-Maker dünne Pfannkuchen backen. Im Ofen bei 100 °C warm halten.

2 Für die Füllung die weiche Butter mit dem Zucker schaumig rühren. Eier trennen. Die Eiweiße mit etwas Salz halb steif schlagen. Den gesiebten Puderzucker einrieseln lassen und steif schlagen. Die Eigelbe mit dem Quark zur Butter-Zucker-Mischung geben und verrühren. Vanillezucker, Zitronenschale und -saft sowie die Rumrosinen zum Quark geben. Den Eischnee unterheben. Die Quarkmasse auf die Palatschinken streichen und aufrollen.

3 Eine feuerfeste Form mit Butter einfetten. Den Backofen auf 200 °C vorheizen. Die Palatschinken einmal quer durchschneiden und überlappend in die Form legen. Die Palatschinken auf der mittleren Schiene für 15 Minuten in den heißen Backofen schieben. Inzwischen die Milch mit der Crème fraîche, den Eigelben, Vanillezucker und Zucker verrühren und über die Palatschinken gießen und weitere 8 bis 10 Minuten backen. Mit Puderzucker bestäuben.

Kaiseromelett mit Mirabellenschaum

Aus Österreich

Für 10 Omeletts

Für die Omeletts:
210 ml Milch • 1 Prise Salz • 35 g Butter • etwas abgeriebene Zitronenschale
45 g Mehl • 3 Eier • 35 g Zucker • Butterschmalz zum Backen
Puderzucker und Zimt zum Bestäuben
Für das Kompott:
2 Blatt rote Gelatine • 300 g Mirabellen • 1/8 l Weißwein
2-3 EL Zucker • 100 g Sahne • 1 Pck. Vanillezucker

1 Die Milch mit Salz, Butter und abgeriebener Zitronenschale zum Kochen bringen. Das Mehl auf einmal dazugeben, mit dem Schneebesen rühren und so lange erhitzen, bis sich der Teig als Kloß vom Topfboden löst. Die heiße Masse in eine Schüssel umfüllen. Die Eier trennen. Die Eigelbe nach und nach mit dem Teig mischen. Die Eiweiße halb steif schlagen. Den Zucker einrieseln lassen und steif schlagen. Zuerst ein Drittel des Eischnees unter den Teig rühren. Das zweite Drittel Eischnee mit dem Teig mischen und das letzte Drittel Eischnee unterheben.

2 Ein Backblech mit Backpapier auslegen. Den Backofen auf 180 °C vorheizen. Etwas Butterschmalz im Pancake-Maker erhitzen und gut Handteller große Omeletts auf einer Seite bei mittlerer Temperatur backen. Die fertigen Omeletts aufs Backblech setzen. Die Omeletts dann im heißen Backofen auf der mittleren Schiene in 5 bis 7 Minuten fertig backen.

3 Die Gelatine in kaltem Wasser 10 Minuten einweichen. Die Mirabellen waschen, putzen, halbieren und entsteinen. Den Weißwein mit Zucker erhitzen und die Mirabellen darin kurz kochen. Die Gelatine gut ausdrücken, in dem heißen Saft auflösen und das Kompott abkühlen lassen. Bevor es zu gelieren beginnt, die Sahne mit dem Vanillezucker steif schlagen und unterheben. Die ofenfrischen Omeletts auf der Oberseite einschneiden, wenden und so zusammenklappen, dass die schaumige Seite außen ist. Mit wenig Puderzucker und Zimt bestäuben. Das sahnige Mirabellenkompott dazu reichen.

Kaiserschmarrn

Aus Österreich

Für 4-6 Portionen

Für die Pfannkuchen:
75 g Rosinen • 5 EL Rum • 4 Eier • 2 Msp. Salz • 1 Pck. Vanillezucker
50 g Puderzucker • 125 g Mehl • 1 Msp. Backpulver • 250-300 ml Milch
3 Tropfen Zitronensaft • Butterschmalz zum Backen
Außerdem:
75 g Butter • 50 g Zucker • Puderzucker zum Bestäuben

1 Die Rosinen mit dem Rum begießen und über Nacht durchziehen lassen. Die Eier trennen. Die Eiweiße kühl stellen, die Eigelbe mit Salz, Vanillezucker und gesiebtem Puderzucker cremig rühren. Das Mehl mit dem Backpulver darüber sieben und gut mischen. 1/4 Liter Milch mit dem Teig verrühren und 30 Minuten ruhen lassen.

2 Nach Bedarf die restliche Milch einrühren und die abgetropften Rumrosinen dazugeben. Die Eiweiße mit etwas Zitronensaft sehr steif schlagen und vorsichtig unter den Teig heben. Im Pancake-Maker etwas Butterschmalz erhitzen und nach und nach nicht zu dünne Pfannkuchen backen.

3 Die fertigen Pfannkuchen mit einer Gabel in gut 3 Zentimeter große Stücke reißen. Die Butter mit dem Zucker in einer Pfanne hell bräunen, die Pfannkuchenstücke darin erhitzen und mehrmals wenden, bis alles mit Karamell überzogen ist. Den heißen Schmarrn auf eine Platte häufen und dick mit gesiebtem Puderzucker bestäuben.

Unser Tipp: Zwetschgenröster

500 Gamm Zwetschgen halbieren und entsteinen und mit 100 Gramm Zucker in einem Topf mischen. Wenn sich der Zucker gelöst hat, je eine Gewürznelke, eine Zimtstange und einen Sternanis sowie Zitronensaft und abgeriebene Zitronenschale hinzufügen. Zwetschgen bei milder Hitze garen. Die festen Gewürze vor dem Anrichten entfernen. Warm oder kalt zum Kaiserschmarrn reichen. Die angegebene Menge ergibt 4 bis 6 Portionen.

Buttermilchpfannkuchen mit Ahornsirup-Sauce

Aus den USA

Für 4 Portionen

Für die Pfannkuchen:
50 g Butter • 2 Eier (Gr. S) • 175 g Mehl
1 leicht gehäufter TL Backpulver • 1 Prise Salz • 200 ml Buttermilch
Butterschmalz zum Backen
Für die Sauce:
80 g Pecannusskerne • 125 g Sahne • 150 ml Ahornsirup
2 EL Kaffee • 2 EL Kaffeelikör, nach Belieben

1 Die Butter bei milder Hitze verflüssigen und leicht abkühlen, aber nicht fest werden lassen. Die Eier kurz verrühren. Das Mehl mit dem Backpulver in eine Schüssel sieben. Eier, flüssige Butter, Salz und Buttermilch dazugeben und alles mit dem Schneebesen zu einem glatten Teig verrühren. Anschließend den Teig 30 Minuten ruhen lassen.

2 Etwas Butterschmalz im Pancake-Maker erhitzen und nacheinander etwa Handteller große Pfannkuchen backen und im Backofen bei 100 °C warm halten, bis alle Pfannkuchen gebacken sind.

3 Die Nüsse in einer Pfanne ohne Fett leicht rösten und grob hacken. Die Sahne mit dem Ahornsirup 3 Minuten sprudelnd kochen lassen. Den Kaffee, die Nüsse und nach Belieben den Likör einrühren. Kalt oder lauwarm zu den Pfannkuchen reichen.

Vollkornhefepfannkuchen mit Cranberries

Aus Kanada

Für 6 Portionen

Für das Kompott:
500 g Cranberries oder Preiselbeeren • 300 g Zucker • etwas Wasser
1 Zimtstange • 2 Sternanis • 1 Stück Zitronenschale
Für die Pfannkuchen:
100 g Weizenvollkornmehl • 100 g Buchweizenmehl
1/2 Würfel Hefe • 1 TL Zucker • 200 ml lauwarme Milch • 3 Eier
60 g flüssige Butter • 1 Prise Salz • etwas Mineralwasser
Butterschmalz zum Backen • 4-5 EL Mandelblättchen
Außerdem: Zucker zum Bestreuen • 125 g Sahne • 2 EL Orangenlikör

1 Die Cranberries verlesen, waschen und abtropfen lassen. Die Beeren mit Zucker, Zimtstange, Sternanis und Zitronenschale sowie einer halben Tasse Wasser mischen, bis sich der Zucker aufgelöst hat. 3 Minuten kochen. 4 bis 5 Esslöffel Beeren herausnehmen und die restlichen Cranberries weitere 5 Minuten garen. Zum Abkühlen beiseite stellen.

2 Für die Pfannkuchen die beiden Mehlsorten mischen. Eine Mulde drücken und die Hefe hineinbröckeln. Den Zucker darüber streuen und die Hefe mit etwas lauwarmer Milch glatt rühren. Abgedeckt 10 Minuten ruhen lassen. Die restliche Milch mit den Eiern, der flüssigen Butter und dem Salz verrühren. Zum Mehl gießen und zu einem glatten Teig verrühren. Die Schüssel abdecken und den Teig noch einmal 50 Minuten ruhen lassen.

3 Im Pancake-Maker Handteller große Pfannkuchen backen. Sobald die Unterseite etwas angezogen hat, auf der Oberfläche ein paar gekochte Cranberries und Mandelblättchen verteilen, den Pancake-Maker wenden und fertig backen. Die fertigen Pfannkuchen im Backofen bei 100 °C warm halten. Vor dem Anrichten die festen Gewürze aus dem Cranberry-Kompott entfernen. Die heißen Pfannkuchen mit etwas Zucker bestreuen. Die süße Sahne steif schlagen und den Orangenlikör unterheben. Die Pfannkuchen mit dem Kompott und etwas geschlagener Sahne anrichten.

Pfannkuchen mit Preiselbeer-Apfel-Kompott

Aus Russland

Für 8-10 Pfannkuchen

Für die Pfannkuchen:
2 Eier • 1 Prise Salz • 2 EL Zucker • 250 ml Milch
125 g Mehl • 25 g Buchweizenmehl • etwas Kefir oder Buttermilch
Butterschmalz zum Backen
Für das Kompott:
2 Äpfel • 4 EL Zucker • 2 EL Butter
1 Prise gemahlene Gewürznelken • 4 EL Preiselbeerkompott
Puderzucker zum Bestäuben

1 Die Eier trennen. Das Eiweiß kühl stellen, die Eigelbe mit Salz, Zucker und Milch glatt rühren. Die beiden Mehlsorten nach und nach darüber sieben und unterrühren. Zum Schluss die Milch dazugießen und glatt rühren. Den Teig an einem kühlen Ort am besten über Nacht ruhen lassen.

2 Das Eiweiß am folgenden Tag mit etwas Salz steif schlagen. Den Teig mit Kefir und Buttermilch zu einem dünnflüssigen Teig verrühren. Den Eischnee unterheben. Etwas Butterschmalz im Pancake-Maker erhitzen und nacheinander 8 bis 10 Pfannkuchen backen. Im 100 °C heißen Backofen warm halten.

3 Für das Kompott die Äpfel vierteln, schälen, entkernen und in mittelgroße Würfel schneiden. Die Apfelwürfel mit dem Zucker und ein wenig Wasser mischen und bei mittlerer Temperatur garen. Die Butter darin schmelzen lassen und mit etwas Nelkenpulver abschmecken.

4 Das Preiselbeerkompott unterrühren. Das warme oder abgekühlte Kompott auf den Pfannkuchen anrichten und mit etwas Puderzucker bestäuben.

Unser Tipp

Verwenden Sie zur Zubereitung von Apfelkompott am besten säuerliche Äpfel wie bespielsweise Boskop oder Elstar.

Marillenpalatschinken

Aus Österreich

Für 8-10 Pfannkuchen

Für die Pfannkuchen:
4 Eier • 1 Prise Salz • 2 EL Zucker
1 Pck. Vanillezucker • 150 g Mehl • 250 ml Milch
etwas Mineralwasser • Butterschmalz zum Backen
Für die Füllung:
4 EL Zucker • 1 EL Butter • 80 g gehackte Walnüsse
etwa 350 g Aprikosenkonfitüre • Puderzucker zum Bestäuben

1 Die Eier mit Salz, Zucker und Vanillezucker mischen. Das Mehl dazusieben und unterrühren. Die Milch nach und nach einrühren und den Teig 30 Minuten ruhen lassen. Nach Bedarf den Teig mit etwas Mineralwasser mischen.

2 Etwas Butterschmalz im Pancake-Maker erhitzen und nacheinander 8 bis 10 dünne Pfannkuchen backen. Die fertigen Pfannkuchen im 100 °C heißen Backofen warm halten.

3 Für die Füllung den Zucker leicht karamellisieren. Die Butter und die Walnüsse einrühren. Die Konfitüre durch ein Sieb streichen und die Pfannkuchen damit bestreichen. Die Pfannkuchen aufrollen und auf angewärmten Tellern anrichten. Mit den kandierten Walnüssen und etwas gesiebtem Puderzucker bestreuen.

Überbackene Apfelmusomeletts

Aus der Schweiz

Für 4 Portionen

Für die Pfannkuchen:
3 Eier • 1 Prise Salz • 150 g Mehl • 200-250 ml Milch
2 EL flüssige Butter • Butterschmalz zum Backen
Für das Apfelmus:
3 Äpfel • 4 EL Zucker
4-6 EL Apfelsaft • 1 Prise Zimt
Außerdem:
Butter für die Form • 200 g süße Sahne • 3 Eier • 3 EL Zucker
1 Pck. Vanillezucker • Puderzucker zum Bestäuben

1 Die Eier mit Salz und Mehl mischen. 200 Milliliter Milch einrühren und den Teig 30 Minuten ruhen lassen. Nach Bedarf noch etwas Milch und die flüssige Butter zum Teig geben. Etwas Butterschmalz im Pancake-Maker erhitzen und nacheinander die Omeletts backen.

2 Für das Apfelmus die Äpfel vierteln, schälen, entkernen und in kleine Würfel schneiden. Die Apfelwürfel mit dem Zucker und dem Apfelsaft in einem Topf mischen und bei mittlerer Temperatur garen. Wenn fast alle Flüssigkeit verdampft ist, die Apfelzubereitung kräftig durchrühren und mit Zimt abschmecken.

3 Eine Auflaufform mit etwas Butter einfetten. Den Backofen auf 180 °C vorheizen. Das leicht abgekühlte Apfelmus auf die Omeletts streichen und aufrollen. Die Pfannkuchenrollen in die Form legen. Für den Guss die Sahne mit den Eiern, Zucker und Vanillezucker verrühren und über die Pfannkuchen gießen.

4 Die Form auf die mittlere Schiene in den Backofen schieben und die Omeletts 25 bis 30 Minuten überbacken. Vor dem Anrichten mit etwas gesiebtem Puderzucker bestäuben.

Pfannkuchen pikant

Pfannkuchen mit Bratwurst und Zwiebeln

Für 4 Portionen

Für die Pfannkuchen:
3 Eier • 1 Prise Salz • 175 g Mehl • 250 ml Milch
etwas Mineralwasser • 2 EL Sonnenblumenöl • Sonnenblumenöl zum Backen
Für die Füllung:
350 g Thüringer Bratwurst • Sonnenblumenöl zum Braten
5 rote Zwiebeln • 2 Stängel Thymian • 1 Dose Pizzatomaten
1 Knoblauchzehe • 4 EL gehackte Petersilie

1 Die Eier mit Salz und Mehl verrühren. Die Milch hinzufügen und glatt rühren. Den Teig 30 Minuten ruhen lassen. Nach Bedarf etwas Mineralwasser und das Öl einrühren. Etwas Öl im Pancake-Maker erhitzen und nacheinander die Pfannkuchen backen. Im 100 °C heißen Backofen warm halten.

2 Für die Füllung die Bratwürste in etwas heißem Öl rundherum goldbraun braten. Aus der Pfanne nehmen und in nicht zu dicke Scheiben schneiden. Die Zwiebeln schälen und in dünne Halbringe schneiden. In etwas heißem Öl weich, aber nicht braun schmoren.

3 Die Thymianblättchen von den Stängeln zupfen und mit den Pizzatomaten und den Wurstscheiben zu den Zwiebeln geben. Die Zubereitung so lange köcheln lassen, bis sie dicklich eingekocht ist. Die Knoblauchzehe abziehen und fein hacken. Mit der Petersilie unter die Wurst-Zwiebel-Masse rühren und die Füllung jeweils auf einer Hälfte der Pfannkuchen verteilen und die andere Hälfte darüber klappen.

Unser Tipp

Zwiebeln gibt es in vielerlei Farben, Formen und Größen, z.B. Schalotten, Gemüsezwiebeln, Haushaltszwiebeln oder weiße Zwiebeln. Verwenden Sie für die Zubereitung der Pfannkuchen ausschließlich rote Zwiebeln. Rote Zwiebeln sind am süßesten und passen so sehr gut zu den verwendeten Gewürzen und Kräutern. In einem kühlen Raum kann man sie einige Wochen lagern.

Pfannkuchen mit Sauerkraut und Kassler

Für 4 Portionen

Für die Pfannkuchen:
3 Eier • 1 Prise Salz • 1 EL Paprikapulver
150 g Mehl • 200 ml Milch • etwas Mineralwasser
Schweineschmalz zum Backen
Für die Füllung:
1 kleine Dose Sauerkraut • 5 Scheiben Ananas aus der Dose
etwas Ananassaft • 250 g rohes Kasseler • 4 EL Butter
etwas Schnittlauch

1 Die Eier mit Salz und Paprikapulver verrühren. Das Mehl einstreuen und glatt rühren. Die Milch hinzufügen und alles gut mischen. Den Teig 30 Minuten ruhen lassen.

2 Nach Bedarf ein wenig Mineralwasser einrühren. Etwas Schweineschmalz im Pancake-Maker erhitzen und nacheinander die Pfannkuchen backen. Im 100 °C heißen Backofen warm halten.

3 Für die Füllung das Sauerkraut mit 3 Esslöffeln Wasser erhitzen. Die Ananasscheiben klein schneiden, mit etwas Ananassaft zum Sauerkraut geben und zum Kochen bringen. Das Kasseler in kleine Würfel schneiden und in dem Sauerkraut 15 Minuten garen. Die Butter einrühren.

4 Das Sauerkraut jeweils auf einer Hälfte der Pfannkuchen verteilen und die andere Hälfte darüber klappen. Auf angewärmten Tellern anrichten und mit Schnittlauchröllchen bestreuen.

Birnenpfannkuchen mit knusprigem Speck

Für 4 Portionen

Für die Pfannkuchen:
3 Eier • 1 Prise Salz • 1 Prise Muskatnuss
150 g Mehl • 300-350 ml Milch • 4 EL flüssige Butter
Butterschmalz zum Backen
Für den Belag:
3 große Birnen • 125 ml Birnensaft oder Birnennektar
1 Zimtstange • 100 g Gorgonzola oder Roquefort • 10 Walnusskerne
125 g Bacon (Frühstücksspeck)

1 Die Eier mit Salz, Muskat und Mehl glatt rühren. 300 Milliliter Milch dazugießen und den Teig 30 Minuten ruhen lassen. Inzwischen für den Belag die Birnen waschen, trockenreiben und längs in etwa 2 Millimeter dicke Scheiben hobeln. Nach Belieben das Kerngehäuse aus der Mitte herausschneiden. Für die Pfannkuchen werden 16 Birnenscheiben benötigt.

2 Die restlichen Birnenscheiben fein würfeln, in etwas Birnensaft oder Birnennektar mit der Zimtstange bissfest garen und beiseite stellen. Nach Bedarf die restliche Milch und die flüssige Butter zum Pfannkuchenteig hinzufügen.

3 Etwas Butterschmalz im Pancake-Maker erhitzen und ein Viertel des Teigs einfüllen. Sobald die Unterseite etwas angezogen hat, Birnenscheiben in den halb flüssigen Teig drücken, den Pancake-Maker wenden und den Pfannkuchen auf der anderen Seite fertig backen. Etwa 25 Gramm Käse in Flöckchen auf dem Birnenpfannkuchen verteilen und im 100 °C heißen Backofen warm halten.

4 Aus dem restlichen Teig, den Birnenscheiben und dem Käse im Pancake-Maker weitere Pfannkuchen backen. Die Walnusskerne grob hacken. Den Bacon knusprig braten. Die Pfannkuchen auf angewärmten Tellern anrichten. Die gehackten Walnüsse und den Speck auf den Pfannkuchen verteilen und das Birnenkompott dazulegen.

Pfannkuchen mit Hackfleischsauce

Für 4 Portionen

Für die Pfannkuchen:
2 Eier • 3 Eigelb • 1 Prise Salz • 200 g Mehl
300-350 ml Milch • 2 EL flüssige Butter
Butterschmalz zum Backen
Für die Füllung:
1 Zwiebel • 1 Knoblauchzehe • 125 g Champignons
1 Bund Suppengrün • 3 EL Olivenöl • 1 EL Tomatenmark • 400 g Rinderhack
1 rote mittelscharfe Chilischote • Paprikapulver
125 g Knoblauch-Crème fraîche • etwas Salz • 4 EL gehackte Petersilie
100 g geriebener Gouda

1 Die Eier und die Eigelbe mit Salz und Mehl glatt rühren. 300 Milliliter Milch dazugeben und den Teig 30 Minuten ruhen lassen. Nach Bedarf die restliche Milch und die flüssige Butter in den Teig einrühren. Etwas Butterschmalz im Pancake-Maker erhitzen und nacheinander die Pfannkuchen backen. Im 100 °C heißen Backofen warm halten.

2 Für die Füllung die Zwiebel und die Knoblauchzehe abziehen und fein würfeln. Die Champignons und das Suppengrün putzen, waschen und ebenfalls fein würfeln. Das Öl erhitzen, Zwiebeln, Knoblauch, Pilze und Suppengrün darin leicht anschwitzen. Das Tomatenmark einrühren.

3 Das Hackfleisch zum Gemüse geben und unter Rühren krümelig schmoren. Die Chilischote klein schneiden, mit Paprikapulver und der Crème fraîche zum Hackfleisch geben und alles kräftig einkochen. Zum Schluss mit etwas Salz abschmecken.

4 Den Backofengrill vorheizen. Die Füllung auf die Pfannkuchen streichen, aufrollen und in eine mit etwas Öl eingefettete Form setzen. Die Pfannkuchenrollen mit Käse bestreuen und kurz unter dem Backofengrill überbacken, bis der Käse geschmolzen ist.

Pfannkuchen orientalisch

Für 4 Portionen

Für die Pfannkuchen:
4 Eier • Salz • 1/2 TL Kreuzkümmel • 175 g Mehl
300-350 ml Kefir • 2 EL flüssige Butter • Olivenöl zum Backen
Für die Füllung:
3 Knoblauchzehen • 3 EL Olivenöl • 500 g Lammhack
4 EL Rosinen • 4 EL Mandelstifte • 1 rote Chilischote
1/2 TL Lebkuchengewürz • etwas Zimt • 1 TL gehackter Ingwer
1 Ei • 1 Granatapfel

1 Eier mit Salz und Kreuzkümmel mischen. Das Mehl dazugeben und glatt rühren. 300 Milliliter Kefir hinzugießen und den Teig 30 Minuten ruhen lassen.

2 Bei Bedarf den restlichen Kefir und die flüssige Butter zum Teig geben. Ein wenig Olivenöl im Pancake-Maker erhitzen und nacheinander die Pfannkuchen backen. Im 100 °C heißen Backofen warm halten.

3 Für die Füllung den Knoblauch abziehen und fein hacken. Das Öl erhitzen, den Knoblauch und das Hackfleisch hinzufügen und krümelig braten. Die Rosinen und die Mandelstifte einrühren. Die Chilischote fein hacken und mit dem Lebkuchengewürz, Zimt und Ingwer ebenfalls zum Fleisch geben; mit Salz abschmecken. Das Hackfleisch gut durchbraten und sofort das Ei unterrühren.

4 Den Granatapfel halbieren und die rosaroten Kerne herauslösen. Ein paar Kerne mit der Hackfleischmasse mischen. Die Füllung auf den Pfannkuchen verteilen und aufrollen. Auf angewärmten Tellern anrichten und mit den restlichen Granatapfelkernen bestreuen.

Pfannkuchen mit Krabben

Für 4 Portionen

Für die Pfannkuchen:
2 Eier • 2 Eigelb • 1 Prise Salz • 100 g Mehl
200 ml Kefir • 2 EL flüssige Butter • 2 EL gehackter Dill
Butterschmalz zum Backen
Für die Füllung:
250 g süße Sahne • 350 g geriebener junger Gouda
2 Knoblauchzehen • Pfeffer aus der Mühle
300 g Nordseekrabben
Außerdem:
1 Bund Frühlingszwiebeln • 1 Bund Radieschen
3 TL Zitronensaft • 4 EL Rapsöl
1 Beet Kresse

1 Die Eier und die Eigelbe mit Salz und Mehl mischen. Den Kefir dazugeben und den Teig glatt rühren. 30 Minuten ruhen lassen, dann die flüssige Butter und den gehackten Dill einrühren.

2 Etwas Butterschmalz im Pancake-Maker erhitzen und nacheinander die Pfannkuchen backen. Im 100 °C heißen Backofen warm halten.

3 Die Sahne 5 Minuten sprudelnd kochen. Den Käse in die heiße, aber nicht mehr kochende Sahne einrühren. Die Sauce so lange rühren, bis der Käse geschmolzen und die Sauce cremig ist. Den Knoblauch schälen und durch die Presse in die Käsesauce drücken. Mit Pfeffer würzen.

4 Die Pfannkuchen auf angewärmten Tellern anrichten, die Käsesauce darauf verteilen und die Krabben darüber streuen. Die Frühlingszwiebeln und die Radieschen putzen, waschen und klein schneiden. Beides neben die Pfannkuchen setzen. Zitronensaft und Öl mischen, salzen und pfeffern. Das Dressing über die Frühlingszwiebeln und Radieschen träufeln und mit etwas Kresse garnieren.

Pfannkuchen mit Tunfisch und Gurken

Für 4 Portionen

Für die Pfannkuchen:
2 Eier • 2 Eigelb • 1 Prise Salz
etwas getrockneter Estragon • 125 g Mehl • 200 ml Milch
etwas Mineralwasser • Butterschmalz zum Backen
Für die Füllung:
2 Tomaten • 1 Salatgurke • 3 EL Crème fraîche
Cayennepfeffer • 1 Prise Salz • 4 EL gehackter Dill
2 Dosen Tunfisch ohne Öl • 1 EL eingelegte grüne Pfefferkörner

1 Die Eier mit den Eigelben, Salz und Estragon mischen, erst das Mehl, dann die Milch dazugeben und glatt rühren. Den Teig 30 Minuten ruhen lassen. Etwas Mineralwasser und die flüssige Butter zum Teig geben.

2 Etwas Butterschmalz im Pancake-Maker erhitzen und nacheinander die Pfannkuchen goldgelb backen. Die Pfannkuchen im 100 °C heißen Backofen warm halten.

3 Für die Füllung die Tomaten kurz in kochendes Wasser tauchen, häuten, entkernen und in kleine Würfel schneiden. Die Gurke schälen, längs halbieren und die Kerne mit einem Teelöffel herausschaben. Die Gurke in dünne Scheiben schneiden.

4 Die Gurkenscheiben mit der Crème fraîche mischen und bei mittlerer Temperatur 6 bis 8 Minuten köcheln lassen. Mit Cayennepfeffer, Salz und Dill abschmecken. Den Tunfisch abgießen und mit einer Gabel grob zerpflücken. Mit den Pfefferkörnern und den Tomatenwürfeln zu den Gurken geben und mischen.

5 Die abgetropfte Füllung jeweils auf einer Hälfte der Pfannkuchen verteilen, die andere Hälfte darüber klappen und auf angewärmten Tellern anrichten. Mit der Garflüssigkeit beträufeln.

Pfannkuchen mit Hähnchenbrust und Senffrüchten

Für 4 Portionen

Für die Pfannkuchen:
2 Eier • 1 Eigelb • 1 Prise Salz
etwas getrockneter Oregano • 125 g Mehl • 200 ml Milch
etwas Mineralwasser • 2 EL flüssige Butter • Butterschmalz zum Backen
Für die Füllung:
300 g Hähnchenbrustfilet • Butter zum Braten
Pfeffer aus der Mühle • 1 feste Banane • 150 g Crème fraîche
etwas Currypulver • etwas Cayennepfeffer
100 g Senffrüchte (Fertigprodukt) • 100 g Taleggio

1 Die Eier mit Eigelb, Salz, Mehl und etwas Oregano verrühren. Die Milch dazugießen und den Teig glatt rühren und 30 Minuten ruhen lassen. Bei Bedarf etwas Mineralwasser und die flüssige Butter unter den Teig rühren.

2 Etwas Butterschmalz im Pancake-Maker erhitzen und nacheinander die Pfannkuchen backen und im 100 °C heißen Backofen warm halten.

3 Für die Füllung das Fleisch in schmale Streifen schneiden. Etwas Butter erhitzen und die Fleischstreifen darin rundherum hellbraun braten. Mit Salz und Pfeffer würzen. Die Banane schälen und würfeln. Mit der Crème fraîche zum Fleisch geben und mit Currypulver und Cayennepfeffer abschmecken.

4 Die Senffrüchte grob würfeln und zu der Fleischzubereitung geben. Das Ganze noch einmal erhitzen und die Füllung jeweils auf einer Hälfte der Pfannkuchen verteilen. Die andere Hälfte über die Füllung klappen. Die Pfannkuchen auf angewärmten Tellern anrichten und den in Streifen geschnittenen Käse auf die Pfannkuchen legen.

Unser Tipp

Die Senffrüchte können auch durch beliebiges anderes süßsauer eingelegtes Gemüse ersetzt werden.

Pfannkuchen mit Lachs und Zucchini

Für 4 Portionen

Für die Pfannkuchen:
4 Eier • 1 Prise Salz • 175 g Mehl • 300-350 ml Milch
4 EL Mandelblättchen • 2 EL flüssige Butter
Butterschmalz zum Backen
Für die Füllung:
300 g Zucchini • 2 Knoblauchzehen • 3 EL Butter
150 g Crème fraîche • 1 EL Dijonsenf • 350 g Lachsfilet
Pfeffer aus der Mühle • etwas frischer Estragon • etwas Zitronensaft

1 Zwei Eier trennen. Die Eiweiße kühl stellen. Die restlichen 2 Eier und die Eigelbe mit Salz und Mehl mischen. 300 Milliliter Milch dazugießen und glatt rühren. Den Teig 30 Minuten ruhen lassen. Nach Bedarf die restliche Milch und die flüssige Butter zum Teig geben. Die Eiweiße mit etwas Salz steif schlagen.

2 Zuerst die Mandelblättchen, dann den Eischnee unter den Teig heben. Etwas Butterschmalz im Pancake-Maker erhitzen und nacheinander die Pfannkuchen backen. Im 100 °C heißen Backofen warm halten.

3 Die Zucchini waschen und grob raspeln. Den Knoblauch abziehen und fein hacken. Beides in der heißen Butter 5 Minuten unter Rühren garen. Die Crème fraîche und den Senf einrühren. Das Lachsfilet waschen, trockentupfen und in knapp 2 Zentimeter große Würfel schneiden.

4 Die Lachswürfel in der heißen Zucchinisahne bei milder Hitze 2 Minuten garen. Mit Salz, Pfeffer, etwas frischem Estragon und Zitronensaft abschmecken. Die Füllung jeweils auf einer Hälfte der Pfannkuchen verteilen, die andere Hälfte darüber klappen und auf angewärmten Tellern anrichten.

Unser Tipp

Leckere Varianten: Ersetzen Sie den Lachs doch einmal durch Forellen- oder Lachsforellenfilet.

Pfannkuchen mit Mozzarella und Tomate

Für 4 Portionen

Für die Pfannkuchen:
4 Eier • 1 Prise Salz • 1 TL getrocknetes Oregano • 200 g Mehl
300-350 ml Milch • 2 EL flüssige Butter • Olivenöl zum Backen
Für die Füllung:
4 EL Pinienkerne • 500 g Tomaten • 400 g Büffelmozzarella
100 g Parmaschinken • Pfeffer aus der Mühle
10 schwarze Oliven ohne Stein • 10 grüne Oliven ohne Stein
4 Stängel Basilikum

1 Die Eier mit Salz und Oregano mischen, Mehl und 300 Milliliter Milch dazugeben und glatt rühren. Den Teig 30 Minuten ruhen lassen. Nach Bedarf die restliche Milch und die flüssige Butter dazugeben.

2 Etwas Öl im Pancake-Maker erhitzen und nacheinander die Pfannkuchen goldgelb backen. Im 100 °C heißen Backofen warm halten.

3 Für die Füllung die Pinienkerne in einer Pfanne ohne Fett leicht rösten und abkühlen lassen. Die Tomaten kurz in kochendes Wasser tauchen, unter kaltem Wasser abschrecken, häuten, entkernen und grob würfeln.

4 Den Mozzarella zwischen Küchenpapier leicht ausdrücken und grob würfeln. Den Parmaschinken klein schneiden. Pinienkerne, Tomaten, Mozzarella, Schinken sowie reichlich frisch gemahlenen Pfeffer mischen. Die Oliven grob hacken und zur Füllung geben.

5 Den Backofen auf 200 °C vorheizen. Eine weite feuerfeste Form mit etwas Öl einfetten. Die Basilikumblätter abzupfen, in schmale Streifen schneiden und mit der Füllung mischen. Die Füllung jeweils auf eine Hälfte der Pfannkuchen geben und die andere Hälfte darüber klappen. Die Pfannkuchen in die Form legen und im Backofen etwa 10 Minuten erhitzen, bis der Mozzarella leicht geschmolzen ist.

Kräuteromeletts mit Champignons

Für 4 Portionen

Für die Pfannkuchen:
4 Eier • 1 Eigelb • 1 Prise Salz • je 1 Bund Schnittlauch, Petersilie, Dill, gehackt • 200 g Mehl • 50 g Speisestärke 250 ml Buttermilch • etwa 200 ml Milch • 2 EL flüssige Butter Butterschmalz zum Backen
Für die Füllung:
3 Tomaten • 2 Zwiebeln • 2 Knoblauchzehen • 2 EL Olivenöl 500 g braune Champignons • 2 EL Butter • 2 EL Crème fraîche 1 EL frische Thymianblättchen • Pfeffer aus der Mühle

1 Zwei Eier trennen, die Eiweiße kühl stellen. Die restlichen Eier und die Eigelbe mit einer Prise Salz und den gehackten Kräutern mischen. Mehl, Speisestärke und Buttermilch nach und nach einrühren. Den Teig 30 Minuten ruhen lassen. Nach Bedarf die Milch und die flüssige Butter mit dem Teig mischen. Die Eiweiße mit etwas Salz steif schlagen und unter den Teig heben. Etwas Butterschmalz im Pancake-Maker erhitzen und nacheinander die Omeletts backen. Im 100 °C heißen Backofen warm halten.

2 Für die Füllung die Tomaten waschen und den Stielansatz wegschneiden. Die Früchte vierteln, entkernen und in kleine Würfel schneiden. Die Zwiebeln und den Knoblauch abziehen und fein würfeln. Das Olivenöl erhitzen und Zwiebeln und Knoblauch kurz darin anschwitzen.

3 Die Champignons putzen und in dünne Scheiben schneiden. Mit der Butter zu den Zwiebeln geben und bei großer Hitze unter Rühren 3 Minuten schmoren. Crème fraîche, Thymianblättchen und die Tomatenwürfel dazugeben. Mit Salz und Pfeffer abschmecken und noch einmal erhitzen. Die Omeletts auf angewärmten Tellern anrichten und die Füllung darauf verteilen.

Unser Tipp

Je nach Geschmack können Sie verschiedene Gartenkräuter verwenden.

Pfannkuchen nach Berliner Art

Für 4 Portionen

Für die Pfannkuchen:
3 Eier • 1 Eigelb • 1 Prise Salz • 1 TL getrockneter Salbei
175 g Mehl • 250-300 ml Milch • etwas Mineralwasser
Butterschmalz zum Backen
Für die Füllung:
1 Bund Frühlingszwiebeln • 1 TL Zucker • 6 EL Butter
2 rote Äpfel • 300 g Kalbsleber • 1 Knoblauchzehe • 2 EL Crème fraîche
1 TL Dijonsenf • 4 EL Schnittlauchröllchen • Pfeffer aus der Mühle

1 Die Eier und das Eigelb mit Salz und dem Salbei (im Mörser fein zerstoßen) sowie dem Mehl glatt rühren. 250 Milliliter Milch einrühren und den Teig 30 Minuten ruhen lassen. Nach Bedarf die restliche Milch und Mineralwasser zum Teig geben. Etwas Butterschmalz im Pancake-Maker erhitzen und die Pfannkuchen backen. Im 100 °C heißen Backofen warm halten.

2 Für die Füllung die Frühlingszwiebeln putzen und in 3 Zentimeter lange Stücke schneiden. Den Zucker in einem Topf schmelzen, 3 Esslöffel Butter und die Frühlingszwiebeln hinzufügen und unter Rühren 5 Minuten schmoren, ohne dass sie Farbe annehmen. Auf einem Teller beiseite legen.

3 Die Äpfel waschen, vierteln, entkernen und in schmale Spalten schneiden. Noch einmal etwas Butter und ein wenig Wasser in den Topf geben. Die Apfelspalten kurz darin garen und zu den Frühlingszwiebeln geben.

4 Die Leber in schmale Streifen schneiden. Die restliche Butter in den Topf geben und die Leberstreifen darin rundherum anbraten. Den Knoblauch abziehen und fein hacken. Knoblauch, Crème fraîche, Senf, Zwiebeln und Äpfel zur Leber geben und alles noch einmal aufkochen.

5 Füllung mit Schnittlauchröllchen, Salz und Pfeffer abschmecken. Auf jeweils eine Hälfte der Pfannkuchen verteilen und die andere darüber klappen.

Spinatpfannkuchen mit Tomaten

Für 4 Portionen

Für die Pfannkuchen:
50 g Schinkenspeck • 1 TL Sonnenblumenöl • 2 Eier
2 Eigelb • 125 g Mehl • 200 ml Milch • etwas Mineralwasser
4 EL flüssige Butter • Butterschmalz zum Backen
Für die Füllung:
500 g zarter Blattspinat • 1 Zwiebel • 3 Knoblauchzehen
2 EL Butter • 250 g Ricotta oder Magerquark • 50 g Parmesan
Pfeffer aus der Mühle • Muskatnuss
Außerdem:
Butter für die Form • 1 Dose passierte Tomaten • Cayennepfeffer
50 g Parmesan am Stück • 4 EL gehackte Petersilie

1 Den Schinkenspeck in winzige Würfel schneiden und in dem Öl knusprig braten. Auf Küchenpapier abtropfen lassen. Die Eier mit den Eigelben, Mehl und Milch glatt rühren und den Teig 30 Minuten ruhen lassen. Nach Bedarf etwas Mineralwasser, die Butter und nach Geschmack den Speck einrühren. Etwas Butterschmalz im Pancake-Maker erhitzen und nacheinander dünne Pfannkuchen backen. Im 100 °C heißen Backofen warm halten.

2 Für die Füllung den Spinat putzen, waschen und in reichlich kochendem Wasser 1 Minute ziehen lassen, dann herausnehmen, gut ausdrücken und grob hacken. Zwiebel und Knoblauch abziehen und fein würfeln. In der heißen Butter kurz anschwitzen, Spinat, Ricotta oder Quark und Parmesan einrühren und die Füllung mit Salz, Pfeffer und Muskatnuss würzen.

3 Eine feuerfeste Form mit Butter einfetten. Den Backofen auf 200 °C vorheizen. Die Pfannkuchen mit der Spinatfüllung bestreichen, aufrollen und in die Form legen. Die passierten Tomaten mit Salz und Cayennepfeffer würzen und über die Pfannkuchenrollen gießen. Im Backofen 15 bis 20 Minuten backen. Den Parmesan mit dem Gemüsehobel über die Pfannkuchen raspeln und die Petersilie darüber streuen.

Pfannkuchen mit Asia-Gemüse

Für 4 Portionen

Für die Pfannkuchen:
2 Eier • 2 Eigelb • 1 Prise Salz • 2 Msp. Safranpulver
100 g Mehl • 100 ml Milch • 100 ml Wasser • Erdnussöl zum Backen
Für die Füllung:
100 g frische Shiitakepilze • 150 g Möhren • 1 Bund Frühlingszwiebeln
2 Stangen Sellerie • 100 g Spitzkohl • 1 rote Paprikaschote
3 Knoblauchzehen • 1 grüne Chilischote • 1 Stängel Zitronengras
Erdnussöl zum Braten • 1 EL Sesamöl • etwas Gemüsebrühe
1 EL gehackter frischer Ingwer • 100 g Sojabohnensprossen
salzige und süße Sojasauce • heller Sesam

1 Die Eier und die Eigelbe mit Salz und Safranpulver mischen. Erst das Mehl, dann die Milch dazugeben und glatt rühren. Den Teig 30 Minuten ruhen lassen. Dann das Wasser dazugießen. Das Öl im Pancake-Maker erhitzen und aus dem Teig dünne Pfannkuchen backen.

2 Die Stiele der Pilze abschneiden. Möhren, Frühlingszwiebeln, Sellerie, Spitzkohl und Paprika putzen. Möhren und Paprika schälen. Pilze und Gemüse in hauchdünne Streifen schneiden. Den Knoblauch abziehen. Die Chilischote, den unteren Teil des Zitronengrases und den Knoblauch fein hacken.

3 Das Erdnussöl im Wok oder in einer großen Pfanne erhitzen und alles darin kurz anschwitzen. Sesamöl, Brühe, Ingwer und Sprossen hinzufügen und alles bissfest garen. Mit den Sojasaucen und etwas Salz abschmecken.

4 Die Pfannkuchen ausbreiten und die Füllung in die Mitte geben. Erst den unteren Teil nach oben über das Gemüse klappen, dann die Seiten und den oberen Teil darüber klappen.

5 Etwas Erdnussöl im Pancake-Maker erhitzen und die Pfannkuchenpäckchen darin kurz auf beiden Seiten braten und mit etwas Sesam bestreuen.

Käsepfannkuchen mit Walnüssen und Rotweinbirnen

Für 4 Portionen

Für die Pfannkuchen:
3 Eier • 1 Prise Salz • etwas Muskatblüte
150 g Mehl • 250-350 ml Milch • etwas Mineralwasser oder Sekt
2 EL flüssige Butter • Butterschmalz zum Backen
Für die Füllung:
500 g Chaumes oder Bel Paese • 80 g Walnusskerne
Pfeffer aus der Mühle
Außerdem:
2 Birnen • 300 ml kräftiger Rotwein • 2 EL Zucker
2 EL Birnengeist • Ahornsirup

1 Die Eier mit Salz, Muskatblüte und Mehl glatt rühren. 200 Milliliter Milch einrühren und den Teig 30 Minuten ruhen lassen. Nach Bedarf die restliche Milch, etwas Mineralwasser oder Sekt und die flüssige Butter zum Teig geben. Etwas Butterschmalz im Pancake-Maker erhitzen und nacheinander die Pfannkuchen backen.

2 Den Backofen auf 180 °C vorheizen. Den Käse in dicke Scheiben schneiden, die Walnüsse grob hacken. Den Käse jeweils auf eine Hälfte der Pfannkuchen legen, mit ein paar Walnüssen und Pfeffer bestreuen und die andere Hälfte darüber klappen. Den Backofenrost mit Alufolie belegen und die gefüllten Pfannkuchen darauf legen.

3 Die Birnen vierteln, entkernen, schälen und in Spalten schneiden. Im Rotwein mit Zucker bissfest garen, den Birnengeist einrühren und abkühlen lassen. Die Pfannkuchen 8 bis 10 Minuten im Backofen erwärmen, bis der Käse geschmolzen ist.

4 Die Pfannkuchen auf angewärmten Tellern anrichten. Mit den restlichen Walnüssen bestreuen, das lauwarme Birnenkompott dazulegen und die Pfannkuchen mit etwas Ahornsirup beträufeln.

Über dieses Buch

Die Autorin
Kristiane Müller-Urban, Schriftstellerin in Offenbach am Main, hat über 100 Bücher über Küche, Kunst und Kinder geschrieben. Als umtriebige Reiseschriftstellerin und Kochbuchautorin zieht es sie immer wieder in andere Küchen und Keller, um zu kosten und zu testen. Ihr umfangreiches Wissen vermittelt sie auch in Kochkursen für Kinder und Erwachsene. Verführerisch duftende Leckereien aus Pfanne und Ofen gehören zu den Lieblingsspeisen ihrer genießerischen Gäste.

Der Fotograf
Karl Newedel, Münchener Fotodesigner, sammelte nach seiner Ausbildung zum Koch nationale wie internationale Erfahrungen in großen Häusern, bevor er sich 1982 als freischaffender Food-Stylist einen Namen machte. Seit 1996 agiert er selbst hinter der Kamera und gibt mit seinen Fotografien zahlreichen Büchern ein unverwechselbares Gesicht.

Danksagung
Für die Unterstützung bei der Fotoproduktion danken wir Herrn Ernst Soldan. Der gebürtige Schweizer erkochte sich bereits 1974 einen ersten Michelin-Stern und behielt diesen, wie keiner vor ihm, 24 Jahre lang. Neben vielen internationalen Auszeichnungen wurde er unter anderem auch zum Koch des Jahres gewählt. Seit 1999 bildet er mit Karl Newedel ein perfektes Team.

Bildnachweis:
Alle Fotos: Karl Newedel, München
Freisteller: Photo Alto, Paris (Rozenbaum & Cirou)

Weltbild Buchverlag
– Originalausgaben –

Steinerne Furt 67, 86167 Augsburg
8. Auflage 2003

Projektleitung: Dr. Ulrike Strerath-Bolz
Redaktion: Michael Kraft
Bildredaktion: Susanne Allende
Umschlaggestaltung und Innenlayout: X-Design, München
Satz: Fischer's DTP-Studio, Garching bei München
Reproduktion: Point-of-Media, Augsburg
Druck und Bindung: Offizin Andersen Nexö Leipzig GmbH, ein Unternehmen der Union Verwaltungsgesellschaft, Spenglerallee 26–30, 04442 Zwenkau

Gedruckt auf chlorfrei gebleichtem Papier

Printed in Germany

ISBN 3-89604-866-X

Rezeptregister